U0883899

经纬天下

古诗词里的地理

王立刚 编著

广州新华出版发行集团
广州出版社

图书在版编目（CIP）数据

经纬天下：古诗词里的地理 / 王立刚编著 . —广州：广州出版社，2021.12
（诗教中国）
ISBN 978-7-5462-3374-1

Ⅰ . ①经… Ⅱ . ①王… Ⅲ . ①古典诗歌—中国—中小学—教学参考资料
Ⅳ . ① G634.303

中国版本图书馆 CIP 数据核字（2021）第 232382 号

书　　名　**经纬天下：古诗词里的地理**
Jingwei Tianxia：Gushici li de Dili
著　　者　王立刚
出版发行　广州出版社
（地址：广州市天河区天润路 87 号广建大厦 9、10 楼
邮政编码：510635　网址：www.gzcbs.com.cn）
责任编辑　司丽丽　何　旻
责任校对　韦　玮
印刷单位　三河市祥达印刷包装有限公司
（地址：三河市杨庄镇杨庄村　邮政编码：065200）
规　　格　700 mm × 1000 mm
开　　本　1/16
印　　张　15
字　　数　280 千
版　　次　2021 年 12 月第 1 版
印　　次　2021 年 12 月第 1 次
书　　号　ISBN 978-7-5462-3374-1
定　　价　68.00 元

发行专线：（020）38903520　38903521
如发现印装质量问题，影响阅读，请与承印厂联系调换

序

确立清晰的空间文化坐标

中国的疆域如此辽阔，中国的历史如此悠久，中国的文化如此丰富，我们生活在这片土地上不仅有一种自豪感，而且有一种文化上的自足感。不过，这一切必须建立在一些基本的坐标体系上，比如每个人都应该对中国文化形成最基本的时间和空间概念。

时间的概念很重要，比如我们至少应该知道，在历史的时间轴上，唐代在汉代后边，宋代在唐代后边，诸如此类。有了这样最基本的历史时间概念，就相当于掌握了一个基本的“架子”。有了“架子”，我们再看到汉代、唐代、宋代的历史和文化知识就能进一步充实这个“架子”，一点点让“架子”有了具体的内容，进而建立属于自己的历史认识、历史观。如果连基本的时间“架子”都没有，那么就算有再多的历史知识，也会变得十分混乱。时间的“架子”相对简单。“时间”的线条只有一个，而且永远是从古至今地单方向流动，历史现象的变化不会出现时间上的倒转，两个时间点永远不会出现重叠。

与时间的存在感相比，空间的存在感总是被人忽略。其实，对于认识各种文化现象而言，空间更重要，也更复杂。每个事物都有空间属性，而空间属性总是叠加在时间属性上。比如诗人李白在唐代某一年乘船从白帝城到江陵，这一历史文化现象涉及了空间属性，但是空间属性是在时间属性的基础上才进一步呈现的，先知道是唐代，再知道是白帝城等地名，这个历史文化现象才能被清楚地感知、理解。

对于传统文化来说，在中国如此广袤的大地上，每一个地理位置都不只表示现在，而且表示过去，有层层叠加的历史过程。比如襄阳所在的“南襄通道”，既是曹操南下的路线、关羽北伐的路线，也是岳飞北上的路线、忽必烈南下的路线等等，每一处地方，都有这样时间线的叠加。

进一步说，不同的地理位置在历史上也随着政治、经济，以及地理环境的变化，而出现不同的关系，并不像时间关系这样必然是单方向地从古到今的流动。地理关系在不同历史时期有不同的情况，比如在秦汉时期，关中地区是中国经济中心，但隋唐以后江淮地区变成了经济中心。

再进一步说，人类不可能影响历史时间的先后顺序，但是可以影响地理环境。比如，在不同的历史时期，中国古人在各个地方修建了城池，建造了村落，修建了沟通各地的运河和陆路通道，这些城池和通道的位置一方面依赖于自然地理的特点，另一方面也依赖于经济和文化的变化。所以，不同历史时期的地理关系并不相同，而且差异很大。

从最简单的现象来看，同一个地方在不同历史时期有不同的地名、不同的政治和文化区域划分，每个人的故乡都有着复杂的变迁史；从更深刻的关系来看，在这背后是自然环境、历史文化环境、经济环境等各种因素综合影响的结果。

由于地理空间也像历史时间那样可以被无限划分到更加微小的点，所以过去地理空间的种种变化总是十分地复杂。在学术研究中，常有几万字的历史文献分析也无法说清一个村落名字的历史变化过程和规律的情况，更何况其他更多、更复杂的历史文化现象了。

可能正是因为地理问题如此复杂，大多数人在阅读中国传统文化的经典和其他文献时，只要是涉及地理位置关系、地理变迁的问题，一般就自动忽略，或者含混对待了。可能，在一些情况下，不理解地理关系也不怎么影响阅读，但是在更多的情况下，读不懂文献中的地理问题，就是读不懂文献，且不要说像《史记》《资治通鉴》这样的史学著作，就算是唐诗宋词中也有大量地理关系问题。比如，苏轼在《赤壁赋》中说“西望夏口，东望武昌”，这里说的地理位置到底在哪儿？再比如，王安石说“京口瓜洲一水间”，京口在哪儿，瓜州在哪儿？王安石想要“明月照我还”的地方，又是“还”到哪里呢？

地理关系不只是空间位置关系，还涵盖了其他方面的问题，这是因为地理有“理”。比如，有的诗说“黄梅时节家家雨”，有的诗说“梅子黄时日日晴”，为什么同一时期晴雨不同？这些问题也是地理问题。地理问题还涉及天气、气候的变化规律，山脉河流与人类的关系等问题。此外，人类在改造自然环境时进行的道路交通、城市与乡村建设，能源与矿产的开发，乃至文化的分布与传播，这些都是地理问题，或者是在地理环境的影响下形成，或者是在地理环境的影响下有着复杂的空间关系。

这些都是在中国文化经典学习中会遇到的问题，也是古诗词学习中的重要问题。可以说，如果不能清楚地理解这些古诗词中的地理问题，古诗词的学习就没有真正完成。考虑到这一现实情况，本书对中学阶段以前所有古诗词中涉及的地理问题进行分门别类的总结整理，将一般人常见或者能够熟读成诵的古诗词中的地理问题分为地理环境、天文与地理、天气与气候、地理与军事活动、地理与交通、城市与乡村、生活地理，以及中国人对海内外的认识等，然后对这些问题从最简单的层面，用最简化的语言，将所有常见古诗词中涉及的地理问题全部一一解释清楚。

可以说，有了本书，常见古诗词中的地理问题都会变得十分清楚；有了本书，诗词不再只是诗词，而是有了地理文化的属性；地理不再只是地理，而是有了诗词为载体，于是，诗词与地理实现了紧密的结合。

不过，毕竟常见的诗词与经常接触的古代地理问题，在内容上并不是一一对应的。有些常见诗词不涉及地理现象、地理文化，本书便没有涉及。大致说来，中学阶段之前的古代诗词中涉及地理问题的，均被本书纳入其中。不过，这些古诗词并没有包含所有最重要的古代地理问题，所以对于本书认为重要的古代地理问题，均在某篇诗词之后做出比较系统的解释，以便读者能够对于这些问题的来龙去脉形成比较完整的理解，以避免盲人摸象式的片段学习，避免无法接触到地理问题的核心和实质。

只有对古诗词的地理属性有了了解，才能更充分地、更清晰地理解文化现象的特征，在此基础上，读者才能在学习传统文化时建立起对中国国土环境的清晰认知。这是本书的主要作用。

编者

2021 年 10 月

目录

第六章 军事地理（中）南北关隘

第七章 军事地理（下）

第八章 城市与乡村

第九章 生活地理

第十章 四海内外

第一章

地理与环境

惠崇春江晚景

［北宋］苏轼

竹外桃花三两枝，
春江水暖鸭先知。
蒌蒿满地芦芽短，
正是河豚欲上时。

《惠崇春江晚景》这首诗是北宋文学家苏轼在当时的京城开封创作的，本来是为僧人惠崇的画写的一首题画诗。在这首诗中，苏轼描绘了画中的景象，同时也在侧面展现了自然环境中动植物与地理环境的紧密关系。从这首诗中我们可以看到，常年生活在水里的鸭子对河水温度的变化最为敏感。到了春天，气温一点点变化，直到有一天青蒿、芦苇开始发芽，这种温度变化也使河里的豚鱼开始活跃起来。大自然万物之间相互联系，四季的变化让这种联系更加清晰可见。

在自然界，动植物对温度、干湿度变化最为敏感。动植物对自然环境的变化做出的反应，不仅能让我们看到寒来暑往、一年四季的变化，而且可以让我们了解更长时段的气候变迁。从历史文献记载的动物和植物中，我们可以了解历史上天气、气候的变迁过程，乃至因此出现的文明消长与历史兴衰。

《晏子春秋》中有一则广为流传的故事。齐国的晏子出使楚国，与楚王见面。这时，楚国官员绑着一个人来见楚王，楚王问："被绑的人犯了什么罪？"答："这是齐国人，犯了偷盗罪。"楚王对晏子说："齐国人是不是很善于偷盗？"晏子回答说：

> 橘生淮南则为橘，生于淮北则为枳，叶徒相似，其实味不同。所以然者何？水土异也。今民生长于齐不盗，入楚则盗，得无楚之水土使民善盗耶？

在晏子生活的时期，橘子是亚热带水果，只能种植在淮河以南，而无法种植在淮河以北，这跟现在的情况相同。如今我们吃的橘子也都是生长在南方，不过在中国历史上，并不是每个朝代都是这样的，其他历史时期的文献

▲［清］王翚绘《桃花春水图》

中对比有不同的记载。

唐代有一本书叫作《酉阳杂俎（zǔ）》，其中提到一则故事，唐玄宗天宝十年（751），玄宗对周围的大臣说："近日于宫内种甘子数株，今秋结实一百五十颗，与江南、蜀道所进不异。"甘子就是柑橘，唐代的都城长安位于现在的西安附近，这里地处秦岭—淮河一线的北侧。现在的西安是无法种植柑橘的，柑橘在冬天会被冻死，即使勉强存活，也结不出像样的果实；但唐代的长安不仅种出了橘子，而且在唐玄宗看来，味道跟江南的橘子没有什么差别。从柑橘这种植物的分布中我们可以知道，中国的气候在历史上是不断变化的，至少在唐代的中国北方，当时的气候要比现在更温暖一些。

生活在今天的后人，能够利用古代文献中关于动植物的记载，获得许多因历史时间差异导致气候变化的知识。我们从古往今，按照时间顺序来说：

在距今3000多年前的商代，当时的气候可能比现在要暖和一些。比如，今天河南省的简称为"豫"，在甲骨文中，这个字的写法是"予"+"象"。这说明，至少在那时，"豫"字最初作为地名存在时，当地应该有很多大象。据史料记载，黄河中下游地区曾经河流纵横，森林茂密，野象众多，河南被描述为"人牵象"之地。但是，大象是一种热带及亚热带动物，显然，那时候河南要比现在更温暖一些。

《诗经·秦风》中说"终南何有，有条有梅"。梅树需要相对温暖的环境，现在的终南山已经无法生长梅树了。而《诗经》是西周时期的作品，产生于公元前1100年到前600年左右，可见当时的气候是温暖的、适宜梅树等植物生长的。

到了春秋战国时期，《孟子·滕文公下》提到，周武王灭纣时，“驱虎、豹、犀、象而远之”，这可能只是孟子的想象，不过，大象、犀牛这些生活在热带、亚热带的动物逐渐远离北方，这不是某一次战争就能做到的，而可能是由于当时的气候正在变得寒冷。

到了公元前200多年的汉代初期，司马迁在《史记·货殖列传》中说，当时“渭川千亩竹”，即渭河（黄河的最大支流）沿岸长满了竹林。在今天，竹林遍布多是江南地区的场景，可见在汉代早期，中国的气候比现在要暖和一些。

进入汉代后期，气候又开始变冷。《后汉书》提道：“灵帝光和六年（183）冬，大寒，北海、东莱、琅邪井中冰厚尺余。”到了三国时期，《三国志·文帝纪》提到，黄初七年（226）十月，魏文帝曹丕率领大军来到广陵故城（今扬州），“临江观兵”，也就是已经到了长江北岸，他们遇到的情况是：“是岁大寒，水道冰，舟不得入江。”在现在，长江北岸的扬州附近是很少会结冰的，即使结冰，一般也只是很薄的一层，不会影响船只使用。而在汉末三国时期，南方、北方的河道、海岸结冰现象很多，可见当时的气候正处于寒冷期。

唐代早期气温变暖，到了唐代末年，气候再次变冷了。唐代末年的《四时纂要》提到，当时关中地区石榴、板栗在冬天很容易被冻死，葡萄需要全部用土埋上才能过冬。在现在，关中地区的这些植物过冬是不需要采取这些措施的，可见当时的气候比现在要冷一些。

到了1000年前的北宋时，陕西北部“地苦寒，种麦周岁始熟”。气候仍旧相对寒冷，中国的气候变化再次出现波动。

进入元代，气候再次变得温暖。当时编写的《农桑辑要》中说："苎麻本南方之物……近岁以来，苎麻艺于河南。"

这里只是举出了一些最典型的例子，近些年，通过研究古人关于动物的记录，人们发现，中国的气候在历史上是波动变化的，并不是每个历史时期都与现在一样。

气候的变化也与中华文明的消长紧密联系在一起。当然，历史兴衰的因素很复杂。从《中国近五千年来气候变迁的初步研究》调查表中，我们可以猜测，大约在全国统一的时期，如唐代，气候会稍稍变暖；而在一些全国分裂的时期，如南北朝、五代，气候则较为寒冷。也许，气候的冷暖也能够从某个侧面反映出中华文明的兴衰。

我国北方生活着游牧民族，这里的自然条件本来就不好，如果气候变得更加寒冷，他们就只能向南迁徙，寻找相对温暖的环境，以谋求生存。在这种情况下，游牧民族的生存空间便与南侧的汉民族之间形成了冲突，这种冲突往往就是导致中原政权开始出现混乱的因素。到了气候温暖的时期，游牧民族会向北迁徙，这时候南

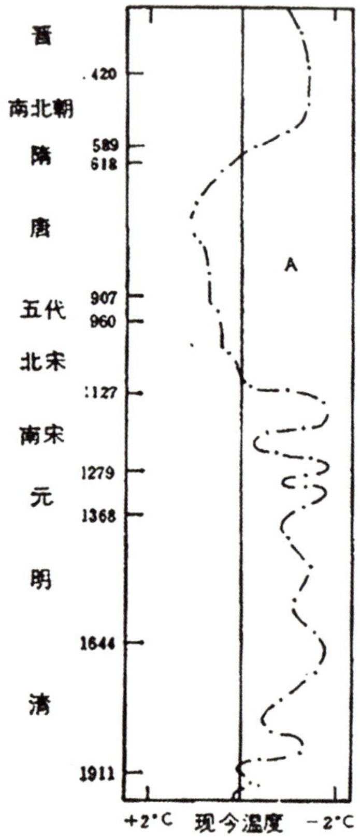

▲ 竺可桢《中国近五千年来气候变迁的初步研究》得出的纪元以来世界温度波动趋势图

侧的汉民族便会建立起统一的政权，迎来社会安定、文明发展的时期。

自然环境的变化对文明的冲突与融合有着重要的影响，其本身也是中华文明发展进程中的一部分。总的来说，中国大陆有比较优越的自然地理环境，大部分地区处在北半球温带环境下，气候条件优越，适合农业生产；东、南临海，便于得到海洋的鱼盐之利。在中国外侧的北方、西北方，均有广袤的沙漠与外部世界相分割，在西南则有高大的山脉、青藏高原与南亚、东南亚分割，相对独立的地理条件保障了中国相对安全的生存环境，为中国文明的不断发展奠定了基础。

另外，气温的变化一定会影响到植物的生长。“橘生淮南则为橘，生于淮北则为枳”，这是南北气温差异所致，而唐代诗人白居易所写的《大林寺桃花》中说出了海拔高低差异带来的变化：

人间四月芳菲尽，山寺桃花始盛开。
长恨春归无觅处，不知转入此中来。

海拔较高的山上，气温较低，所以桃花开放的时间比较晚，这是海拔高低不同所致。地理空间的差异导致植物生长情况的差异，这是古人亲眼所见、亲身所感，也是地理环境对植物生长产生的深刻影响。

国破山河在：山与河构成骨脉

山河

春望（节选）

［唐］杜甫

国破山河在，

城春草木深。

感时花溅泪，

恨别鸟惊心。

我国是一个山脉众多的国家，有山则有河，“山河”在古诗词中多是国土的象征。时间一长，山与河就成了国家的象征。唐肃宗至德二年（757 年），杜甫目睹长安城中一片萧条零落的景象，百感交集。曾经的都城已不复往日的繁华，山河仍在，国家却已倾覆。《春望》这首诗中的“山河”便是指国土。

孔子说：“知者乐水，仁者乐山。”（《论语》）

孟子说：“孔子登东山而小鲁，登泰山而小天下。”（《孟子 · 尽心上》）

岳飞在《满江红 · 怒发冲冠》中说：“待从头、收拾旧山河，朝天阙。”

文天祥在《过零丁洋》中说：“山河破碎风飘絮，身世浮沉雨打萍。”

每个人心中都有属于自己印象中的山与河，山与河构成了中国国土的基色，构成了中国人对地理环境的最直观感受。大山大河是我国国土的骨脉，也是划分我国地理环境的依据。

在上古时期，我国遭遇了洪涝灾害，人们的生活受到了很大的影响，这时，大禹担起了治理洪水的大任，为治理洪水，他走遍全国的各个地方，根据山脉和河流的形势，将全国划分为了九州，分别为冀、兖、青、徐、扬、荆、豫、梁、雍。《尚书·禹贡》中提道：“禹别九州，随山浚川，以土作贡。”意思是“大禹划分了九州边界，根据山势地形，疏通了淤积的河川，根据土地物产确定了赋税等级”。《尚书 · 禹贡》还提到“禹敷土，随山刊木，奠高山大川”，意思是“大禹划分边界，走遍高山，砍伐树木作为路标，以高山、大河来划分各个区域的界限”。在很长的一段时间内，九州的划分方法被中国人普遍接受。

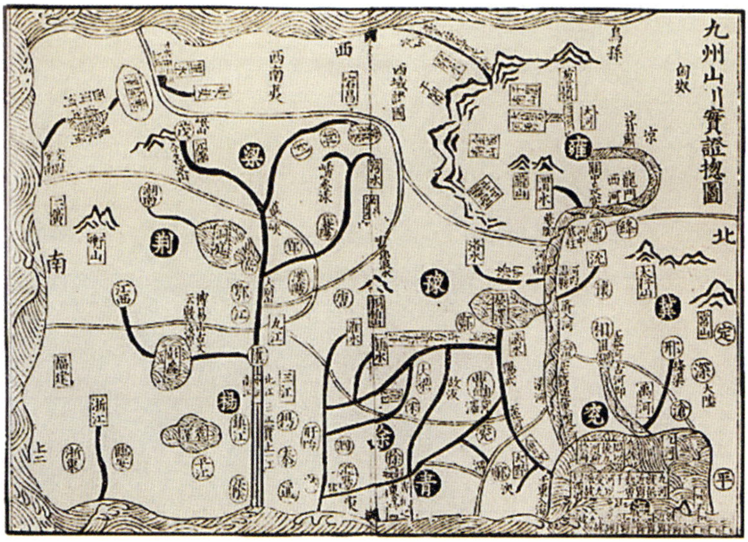

南宋《九州山川实证总图》（南宋淳熙四年，即 1177 年）中的九州位置

到了后来，九州开始成为中国的代称。比如陆游在《示儿》中说："死去元知万事空，但悲不见九州同。"

九州的界限是怎么确定的呢？九州之间，山与河便是界限。那么九州之间的分界，山是哪座山？河是哪条河呢？

冀州：黄河东、南、西三面围绕的区域，就是冀州。

兖州：黄河以南、济水以北的区域。

青州：东北据海，西南距岱。"据"是凭依、倚仗的意思，"距"是有距离的意思，也就是青州的范围在西侧以泰山为界，向东到达海边。

徐州：东至海，北至岱，南及淮。意思是说，徐州向东到海，向北到泰山，向南到淮河。其中"至""及"都是到的意思。

▲ 明代《禹贡所载随山浚川之图》（南宋嘉定二年，即 1209 年）

扬州：东临海，淮河以南地区为扬州。

荆州："荆及衡阳惟荆州"，即荆山以东，到衡山南麓为荆州。

梁州：华山以西，秦岭南北，南至四川盆地为梁州。

豫州：荆山以北，黄河以南，青州、兖州以西，九州的中间部分为豫州。

雍州：黄河以西为雍州。

可见，在《尚书·禹贡》中，九州的划分所依据的"山"主要为：岱（即泰山)、华(山)、荆(山)、衡(山);“水”主要为:(黄)河、济(水)、淮(河)、黑水(可能是指我国西部地区的某条河流)。

以山、河作为界限的地理区域划分方法一直是中国最主流的区域划分方法。在《尚书·禹贡》的时代,我国地理区域的划分没有那么精确,在不同的文献中,全国区域的划分各有不同,有很多人并不完全按照《禹贡》书中所依据的山、河来划分区域界限,却也都以山、河为分界线。比如《尔

[北宋] 王希孟绘《千里江山图》中的山与河占了大部分

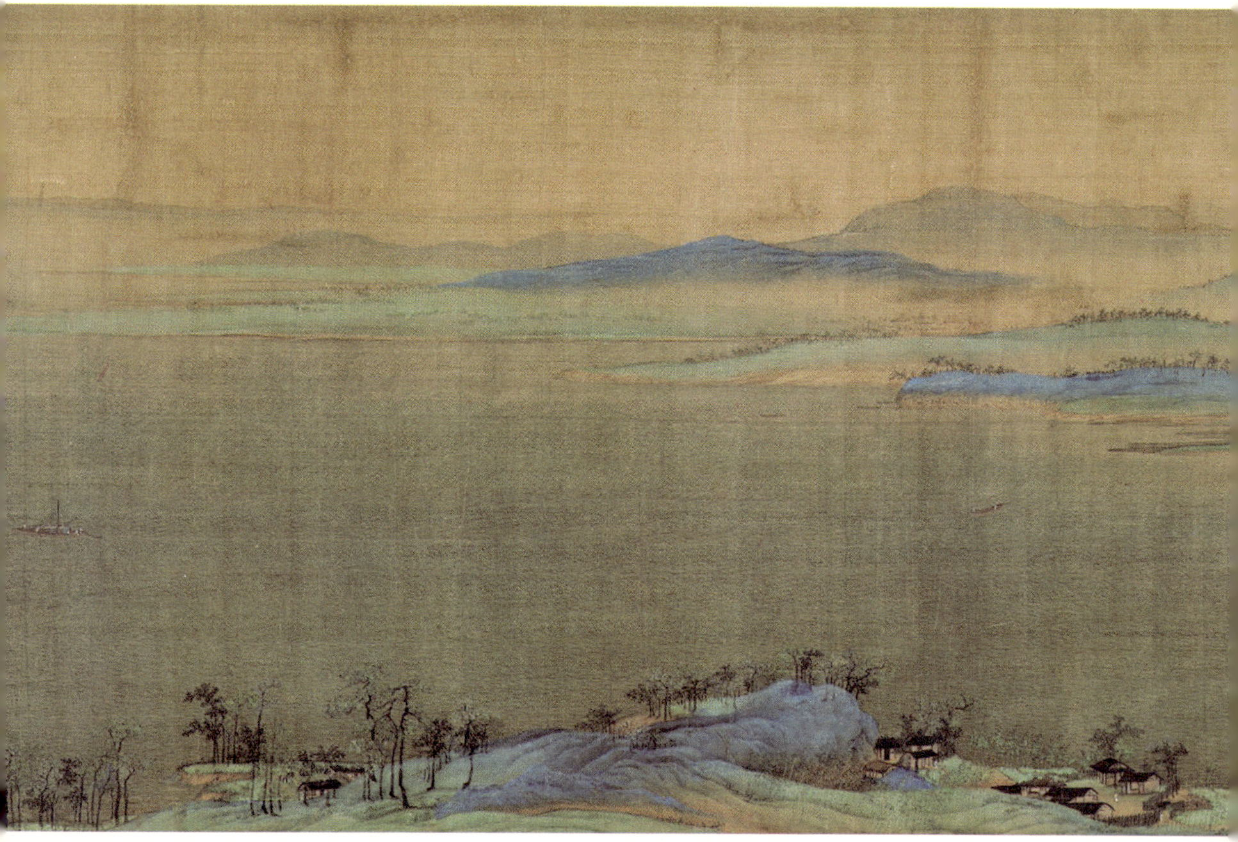

雅·释地》一篇中便用“河、济、江、汉”来划分区域之间的界限。

后来，北方的冀州分出并州、幽州两个州，在岭南一带增加了交州，青州里分出一个营州。汉代的雍州为梁州，梁州为益州。这样，在汉代时期，我国有十几个州，在州之下为郡，郡之下为县。大致上，州与现在的省类似，郡与现在的地级市类似，县与现在的县级市、县类似。到了隋唐时期，州的数量大大增加，达到了一百多个，于是州之上出现了“道”（后改为“路”）这样的行政区，隋唐时期的州大致相当于汉代的郡，隋唐时期的州之下设县，大致形成了“道—州—县”三级行政区划。

这种以山河为界限的地理区域划分方法一直影响到今天。比如今天我国山西省与河北省之间以太行山为界，山西省与陕西省之间以黄河为界，湖南省与湖北省以长江南岸的洞庭湖为界，陕西省与四川省之间则以大巴山为界。

有意思的是，陕西省与四川省之间并不是以巍峨高大的秦岭为界，而是以秦岭南部的大巴山为界。相比之下，大巴山比秦岭要低缓一些，这是因为四川省是一个很大的盆地，四周都是巍峨的山脉。古时候人们常说：“天下未乱蜀先乱。”也就是说，从前在国家动荡的时候，四川总是很容易割据一方，成为独立的王国。为了保持四川的稳定，古人便把秦岭南侧划分到陕西，这样一来，本来作为地理分界线的秦岭就成了陕西的一部分，从陕西到四川只需要翻过大巴山即可，而不必翻越巍峨的秦岭。

可见，我国山脉众多、河流广布，大山与大河对我国的地理分区有着重要的影响。

地形

题西林壁

［北宋］苏轼

横看成岭侧成峰，
远近高低各不同。
不识庐山真面目，
只缘身在此山中。

诗人登临庐山，却不解为何山脉时而像岭，时而又如峰，仔细想来原是因为身处其中，当局者迷。苏轼仅站在一座山脉之上，便对地形有多种认识。而中国是一个山脉众多的国家，众多的山脉构成了我国复杂的地形。今天我们称呼某种地形，一般使用现代地理学常用的词语，比如山地、丘陵、盆地、平原、高原等，都是现代地理学对地形地貌的分类。因为我国地形复杂、地貌种类多样，所以在我国的传统文化中，用来描述地形地貌的名词十分丰富。

比如大思想家孔子的故乡是山东曲阜。曲阜是一个地名，其来历也与本地的地形地貌有关，甚至可以说，“曲阜”一词，就是一个用来表示地形地貌的词。那么，“曲阜”的意思到底是什么呢？

古代的《说文解字》说："阿，曲阜也。""阜"表示有起伏的土山，很多地名都带有"阜"，比如安徽省的阜阳县；"曲"是弯弯曲曲的意思，所以曲阜就是代表弯曲的土山。可想而知，曲阜之所以叫曲阜，自然是因为这里曾经有许多弯曲起伏的土山。《礼记》中说："封周公于曲阜。"东汉时期的应劭在解释这句话时，顺便提到说："鲁城中有阜，委曲长七八里，故名曲阜。""委曲"在这里就是指弯曲的意思。

在古代文学作品中常出现"阿"这个字，比如《诗经》中说："陟彼阿丘，言采其芒。"阿丘的"阿"并不是今天称呼语中"阿爹""阿弟"的用法，而是表示弯弯曲曲的山丘。

"阿""阜""丘"，这些都是中国文化中常见的用来表示不同地形，尤其是不同形状的山脉的词语。

《尔雅 · 释地》说："下湿曰隰（xí），大野曰平，广平曰原，高平曰陆，大陆曰阜，大阜曰陵，大陵曰阿。"提到了"隰、平、原、陆、阜、陵、阿"七种地形。

“下湿曰隰”，地势低洼、潮湿的地方为隰，就是我们现在俗称的沼泽。《诗经 · 卫风 · 氓》中有一句：“淇则有岸，隰则有泮。”是说“淇水滔滔滚滚而来也会有岸边，低洼潮湿的沼泽也会有边缘”。这句诗便引用了“隰”这个地形来表示一种地形地貌。《诗经》中还有一篇《隰桑》，是说低洼的地边种植有桑树。

“大野曰平，广平曰原”，面积广、地势开阔的地方称为“平”。陶渊明在《桃花源诗并记》的“诗序”中用“土地平旷，屋舍俨然”来描述桃花源里的地形。“平”就是指平坦开阔，地形起伏很小，甚至没有起伏。不过在中国古代，“平”和“原”有一些区别，“平”是指面积比较小的平地，开阔的平地则称之为“原”。陶渊明说的桃花源是比较小的平地，而我们所说的“中原地区”是指黄河中下游地区的平原，“中原”的本意是“天下之中的原野”。山西省会“太原”意即“广阔的平原”。

[北宋] 王希孟绘《千里江山图》中不同的山

“高平曰陆，大陆曰阜”，高而平的地方就是“陆”。周敦颐的《爱莲说》中提到“水陆草木之花，可爱者甚蕃”。其中“陆”指的便是高而平的地方，与水面相对的就是“陆地”。“高而平”是小范围里的“陆”，不只是高于水面，而且有土山的样子，而我们平常所说的“大陆”是指更大的“陆”。

更进一步，“大阜曰陵”，面积更大的“阜”就是“陵”，“阜”与“陵”除了面积上的区别外，还有高度上的区别。“陵”就是我们平常所说的“高大的土山”，即“起伏较高的丘陵”。《孙子·军争》中说“故用兵之法，高陵勿向”，意思是不要向占据高地的敌人进行正面进攻。其中“陵”指的就是起伏较高的丘陵。

面积更大的“陵”就是“阿”。《说文解字》中也这样解释：“阿，大陵也。”古人说的“阿阜”意指山峰、峰峦；“崇阿”是指高大的山。

这是《尔雅·释地》中的分类方法，不同的文献记载可能有一些区别。除此之外，还有一些中国文化中特有的地形名称。比如从山西太原到河北石家庄，要经过井陉县，“陉”也是一种地形，“燕赵间，凡厥山路，名之曰陉”（《述征记》）。一座山脉突然中断形成的深谷称之为“陉”。可以想到，“井陉”便是深得像井一样的“陉”，从名称中就能看出地势的险要了。

由以上材料可以看到，我们的祖先在长期改造大自然的过程中积累了丰富的经验，对地形类别的划分十分复杂，在很久以前便有了明确的地形类别的名称体系。

大河

望天门山

［唐］李白

天门中断楚江开，
碧水东流至此回。
两岸青山相对出，
孤帆一片日边来。

▲［北宋］燕文贵绘《楚江图》局部（清人画）

古语说："两山之间，必有川焉。"（《周礼》）有大山便有大河，中国既有"九曲黄河万里沙，浪淘风簸自天涯"（刘禹锡《浪淘沙》）这样的黄河，也有"滚滚长江东逝水，浪花淘尽英雄"（杨慎《临江仙》）这样的长江。天门山即是长江下游一处地势险要的地点。诗人站在岸边眺望楚江，仿佛是破开岸侧的天门山，从中奔涌而来的。

相比之下，描述黄河的古诗词更多一些。在诗词中，有"大漠孤烟直，长河落日圆"（王维《使至塞上》），有"白日依山尽，黄河入海流"（王之涣《登鹳雀楼》），也有"君不见黄河之水天上来，奔流到海不复回"（李白《将进酒》）。

河流总是凝聚了古往今来的遐思，这是因为水是生命之源。追溯往古，世界上每个重要的文明都源于大河两岸。伦敦有泰晤士河，巴黎有塞纳河，当代许多重要的城市都有一条著名的河流与之相伴。中西方文明不约而同地留下了"洪水的传说"。在西方，诺亚方舟拯救了滔天洪水中的人类，鸽子衔回的橄榄枝便是洪水退去的信号。在中国，洪水泛滥中诞生了大禹治水的传说。中国人对水和河流的科学认识正始于这一时期。

两千多年前的《吕氏春秋》中说："云气西行，云云然，冬夏不辍；水泉东流，日夜不休。上不竭，下不满，小为大，重为轻，圜道也。"意为云气向西移动，循环往复，冬夏季依然不停；水泉向东流去，日夜不息。水源不枯竭，大海不满，小溪汇成大海，重水化作轻云，这就是圆道。中国古人很早就知道，天地之间的水是循环的，地上的水蒸发变成云，云化作雨降落到地面，汇入河流，流向大海，如此往复，生生不息。

大河滚滚，丰富的水循环不仅给人类带来了生活用水，而且带来了鱼、虾这样的物产，用于人类的生存所需。不过，中国既是一个河流众多的国家，又是一个河流常常泛滥成灾的国度。《史记 · 河渠书》中说："河灾衍溢，害中国也尤甚。"中国大部分地区降水集中，总是在一两个月里下很多的雨，而在其他时间则长期不下雨。下雨多时，河流泛滥成灾；下雨少时，河流枯竭。河流的水位高低与两岸人们的生活息息相关。复杂的地理环境激发了先人多样的智慧。兴利除害，是中国人对江河湖海的基本

[清] 佚名绘《黄河万里图》(入海部分)

认识，以至于在一些研究者看来，中国古代的农耕文明主要便是由水利工程铸就的文明。

两千多年前，“蜀守冰凿离碓，辟沫水之害，穿二江成都之中”（《史记·河渠书》）。李冰疏通河道，修建了都江堰，使本来容易危害生活的洪水变成了可以灌溉四方的农业用水，富饶的成都平原从此成为一方福地。

两千多年后，充满智慧的中国人民仍通过观察河流的水文现象，利用河流，以便生活。今天的中国人在河水丰富的汉江筑起高高的堤坝，自南向北挖通长长的沟渠，将南方的水引入北方，滋润干旱缺水的华北平原，这便是今天的南水北调中线工程。

古人是怎么观察河流水位的呢？李冰在修建都江堰时，设计了用于观察水位的“石人”，通过石人身上的水尺来得出水位变化数据。李冰要求水位的调节原则为：“竭不至足，盛不没肩。”指水位不能低于石人的脚，不能高于石人的肩膀。因水位过低会造成旱灾，过高会形成洪灾。

古人留下的至今保存最完整的水文观察站称为“白鹤梁”，是长江上游涪陵地区的一处天然石堤，与长江河流平行。石堤在水位较低时会露出水面，古人在石堤上刻有作为“水标”的石鱼、白鹤，以石鱼和白鹤露出水面的高低来观察长江水位。白鹤梁留有古人在此处观测水位变化的大量石刻文字，成为古人观察长江水文的重要见证。

几百年后的隋唐时期，中国人发明了专门的“石刻水则”。水则就是现在的水尺。到了明代，还有人发明了“乘沙量水器”。除了河流的水位高低之外，河流的含沙量也开始受到关注，人们观测水文的技术逐渐进步，对河流的掌握与利用水平也不断提高，构成中国文明的重要组成部分。

凉州词

［唐］王之涣

黄河远上白云间，
一片孤城万仞山。
羌笛何须怨杨柳，
春风不度玉门关。

唐朝的凉州，就是现在的甘肃省武威市，位于甘肃省会兰州的西侧，河西走廊东端。这里是我国季风气候与非季风气候的分界线。正如王之涣诗中所言，凉州之地人迹罕至，连春风都不曾越过玉门关外，吹拂塞外的土地。兰州东西两侧，自东向西依次出现森林、草原、沙漠等景观，这是因为越向西，距离海洋越遥远，来自海洋的水汽越难以到达。来自东部和西南大海上的气流影响的范围主要在兰州以东，很难进入河西走廊，于是，这里便形成了干旱的自然景观。

我国国土广袤，东西方向、南北方向皆有自然环境方面的界线。在《晏子春秋》中，“橘生淮南则为橘，生于淮北则为枳”中的淮河即为南北方的分界线。淮河发源于秦岭东侧，自西向东流向大海。在气候上，秦岭—淮河以南是亚热带，以北是温带。在这条线以北，大部分河流在冬天会结冰，树木会在秋天落叶；在这条线以南，则有许多常绿、不落叶的树木。

后来，人们又发现了南岭作为植物分界线的作用。在一千多年前的西晋时期，“竹林七贤”之一的嵇康有一位侄孙，叫嵇含，他写了一本《南方草木状》，记录了我国南方的许多植物，书中提到一种名叫“芜菁”（wú jīng）的萝卜。嵇含注意到，南岭是这种萝卜生长的分界线，“岭峤以南俱无之。偶有士人因官携种，就彼种之。出地则变为芥”。南岭是我国南方东西走向的重要山脉，是我国亚热带与热带的分界线。在南岭山脉的一些关键地方，古代的诗人甚至说同一棵树的南北方向的两个枝头，开花的早晚都有差异：“南枝向暖北枝寒，一种春风有两般。”（刘元载妻《早梅》）

其他的地理分界线也记录在历史文献中。元代至正十二年（1352）四月，周伯琦被任命为兵部侍郎，刚刚上任三天，便遇到皇帝要前往上都（位于今天的内蒙古自治区），周伯琦需要陪同前往。从四月底到五月初，他从

明代广东地图中的南岭

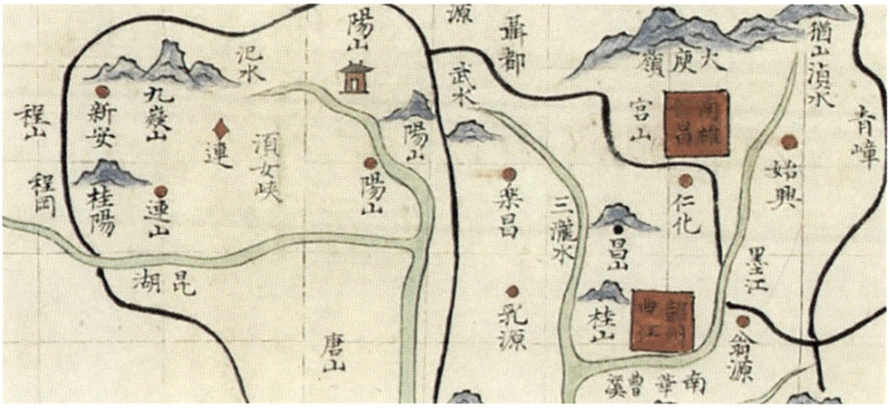

大都（今北京市）一路向北，五月初一经过居庸关，之后则进入今天河北省的北部。一路上，细心的周伯琦发现了草原带与森林带的分界线，并记录在了《扈（hù）从北行前纪》中。

在这篇文章中，周伯琦提到，在最初的道路两侧，山谷中长有茂密的森林，一个个村庄掩映其中，“林深复谷，村坞僻处”，而到了沙岭，便出现了变化，“近沙岭，则土山连亘，地皆白沙，深没马足。过此则朔漠，平川如掌，天气陡凉，风物大不同矣”。过了沙岭之后，森林基本上没有了，脚下的山变成了土山，地上有沙子出现，再向前走，便开始进入沙漠，气温也变得很凉，景色完全不同了。这是对中国草原与森林分界的清楚记录。

植物生长在土壤中，各地植物形态有差异，土壤也有差异。土壤本身是地理环境的一部分，土壤的性质受到温度、湿度的影响。我国古人也曾对土壤做了分类。先秦时期的《管子》对植物的分布规律总结道：“凡草土之道，各有谷造，或高或下，各有草土。”不同的植物有各自适合的土壤，海拔高低不同，也有不同的土壤和植被。《管子》甚至对不同土壤能够种植的农作物做了总结：

赤垆：其草宜白茅与雚，其木宜赤棠；

黄唐：其草宜黍秫与茅，其木宜櫄、桑；

斥埴：宜大菽与麦。其草宜萯、雚，其木宜杞；

黑埴：宜稻麦。其草宜苹、蓨，其木宜白棠。

赤垆、黄唐、斥埴、黑埴，这是《管子》区分出的几种不同的土壤。在我国，南方地区天气炎热，降雨多，土壤中的有机物腐烂得快，有机物少，所以土壤偏红色；而在东北地区，情况是反过来的，气温低，土壤中的有机物腐烂得慢，所以土壤偏黑色；而中部的华北地区，土壤则是黄色。

赤垆可能是南方地区的土壤，生长着白茅和萑（guàn，芄兰草）这样的草本植物；还生长着一种叫赤棠的树木，这是一种野生梨树，也叫甘棠、杜梨。

黄唐可能是中部黄土高原一带的土壤，生长着黍（shǔ，小米）、秫（shú，高粱）等作物；生长着櫄（chūn，椿树）、桑等树木。

斥埴可能是华北一带的土壤，种着菽（shū，大豆）与小麦，生长有萯（fù，一种草）和萑这类草，还有树木杞柳。

黑埴可能是东北地区的土壤，种着水稻、小麦，生长有苹（浮萍）、蓨（tiáo，羊蹄菜）这些草，还有树木白棠。

由于今天的人无法清楚知道《管子》中提及的土壤分类方法，所以《管子》中的记录未必能与今天的地理环境完全吻合，不过这仍旧体现了当时的中国人对不同地理环境下植物生产差异的认识。

正因为这些差异，我国各地才形成了风格迥异的景象。古代诗词中说得很清楚。

自南向北：

岭南：罗浮山下四时春，卢橘黄梅次第新。日啖荔枝三百颗，不辞长作岭南人。（苏轼《惠州一绝》）

江南：日出江花红胜火，春来江水绿如蓝，能不忆江南？（白居易《忆江南》）红豆生南国，春来发几枝。（王维《相思》）

北方：日月照之何不及此？惟有北风号怒天上来。燕山雪花大如席，片片吹落轩辕台。（李白《北风行》）

塞外：天似穹庐，笼盖四野。天苍苍，野茫茫。风吹草低见牛羊。（《敕勒歌》）

[清] 董教增绘《罗浮山图轴》(局部)

自东向西：

东部：东临碣石，以观沧海。水何澹澹，山岛竦峙。(曹操《观沧海》)

中部：梅子黄时日日晴，小溪泛尽却山行。绿荫不减来时路，添得黄鹂四五声。(曾几《三衢道中》)

西部：一川碎石大如斗，随风满地石乱走。(岑参《走马川行奉送出师西征》) 北风卷地白草折，胡天八月即飞雪。(岑参《白雪歌送武判官归京》)

中国有广博而多样的国土，也有智慧的中国人民。古人不断发现植物的分布规律，逐渐积累了丰富的知识。在古代很长时间里，一直只有中国文明才有这些知识出现，可以说，中国是植物地理学、土壤地理学的发源地。

第二章

天文历法

迢迢牵牛星：星宿（xiù）

古诗十九首（之一）

［汉］佚名

迢迢牵牛星，皎皎河汉女。
纤纤擢素手，札札弄机杼。
终日不成章，泣涕零如雨；
河汉清且浅，相去复几许！
盈盈一水间，脉脉不得语。

“迢迢牵牛星”讲的不只是牛郎织女的传说，其中还蕴含着当时的天文知识。牛、女在我国古代天文学中不只是传说中的角色，而且还是我国古代二十八星宿中的两种。

顾名思义，星宿是日、月、星等天体“栖宿”的场所。中国古人把天空中位置比较相近的一些星星联系起来，然后把整个天空分为了28个部分，即二十八星宿。其中，东西南北各有七宿，分别为：

东方苍龙：角、亢、氐（dī）、房、心、尾、箕（jī）

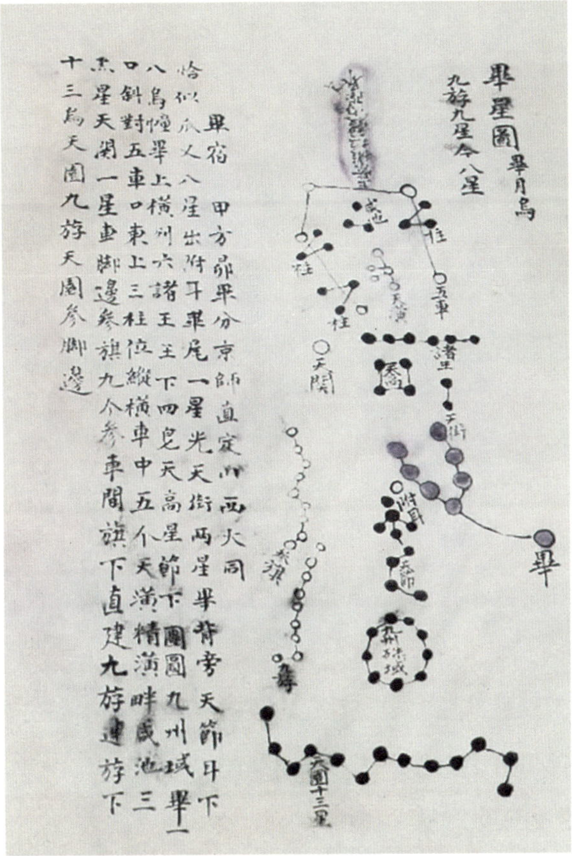

古代天文著作中介绍的二十八星宿（毕宿）

北方玄武：斗、牛、女、虚、危、室、壁

西方白虎：奎、娄（lóu）、胃、昴（mǎo）、毕、觜（zī）、参（shēn）

南方朱雀：井、鬼、柳、星、张、翼、轸（zhěn）

在二十八星宿中，最著名的便是关于牛郎织女的故事所代表的星星。传说，牛郎和织女分别化作了一颗星星，在天上被王母娘娘用银河隔开了。实际上，在中国文化中，牛郎星和织女星并不是指一颗星星，而是分别表示一个星宿，即“牛”“女”两个星宿。在夜晚的天空中，这两个星宿的位置正好位于由亿万颗细密的恒星组成的银河带的两侧。

《赤壁赋》中说“月出于东山之上，徘徊于斗牛之间”，这其中的“斗牛”，说的便是月亮位于“斗”“牛”两个星宿的位置之间。

《滕王阁序》的开篇说到南昌的地理位置：“豫章故郡，洪都新府。星分翼轸，地接衡庐。”中国古人将天与地视为一体，认为天上的星宿所在的区域与地上的不同区域是相对应的。《史记·天官书》中说：“天则有列宿，地则有州域。”在春秋战国时代，人们根据地上的区域来划分天上的星宿，把天上的星宿分别指配于地上的州国，使它们互相对应，说某星是某地的分星，某星宿是某地的分野。

在中国文化中，北斗七星也

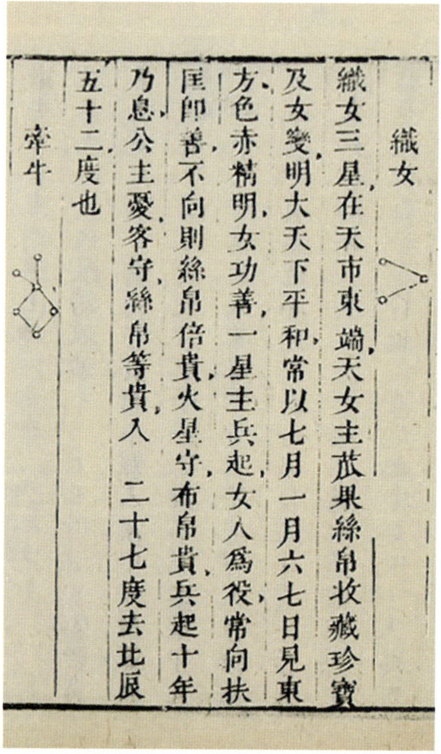
織女
織女三星，在天市東端，天女主苽果絲帛收藏珍寶
及女變明，大天下平和，常以七月一月六七日見東
方色赤精明，女功善，一星主兵起，女人爲役，常向扶
匡即吉，不向則絲帛倍貴，火星守，布帛貴，兵起十年
乃息，公主憂，客守，絲帛等貴，入　二十七度去北辰
五十二度也
牽牛

古代天文学著作对牛郎织女星的介绍

古代星宿与地域对照表

《淮南子·天文训》		《史记·天官书》	
宿	国	宿	州
角亢	郑	角亢氐	兖州
氐房心	宋	房心	豫州
尾箕	燕	尾箕	幽州
斗牛	越	斗	江湖
女	吴	牛女	扬州
危室	齐	虚危	青州
室壁	卫	室壁	并州
奎娄	鲁	奎娄胃	徐州
胃昴毕	魏	昴毕	冀州
觜参	赵	觜参	益州
井鬼	秦	井鬼	雍州
柳星张	周	柳星张	三河
翼轸	楚	翼轸	荆州

有重要地位。“斗”是二十八星宿之一，北斗是由这一区域中 7 颗比较亮的星星组成的呈勺子形状的恒星群（属今天的大熊座）。中国古人把北斗七星分别命名为天枢、天璇、天玑、天权、玉衡、开阳、摇光。天枢、天璇、天玑、天权为斗身，玉衡、开阳、摇光为斗柄。

北斗星可以用来辨别方向，确定季节。把天璇、天枢连成直线并延长五倍距离，就可以找到北极星，而北极星是北方的标志。北斗星的斗柄围绕着北极星转动，古人根据黄昏后斗柄所指的方向来决定季节：斗柄向东，为春季；斗柄向南，为夏季；斗柄向西，为秋季；斗柄向北，为冬季。

此外，中国古人还以北极星所在位置为标准，集合周围的部分星星，合成一个比较特殊的区，称为紫微。这是天象中最中心的位置，所以在中国文化中，紫微常用来表示皇宫、皇城。

星宿是中国古代天文学对天象的独立命名，与近代西方的星座命名法有一些区别。星宿类似于今天人们说的星座，但是又有些差异。二十八星宿主要说的是天空星座的分区，是把天空分为了 28 个区域，而星座则是几颗位置相近的恒星组成的恒星群，并不是天象区域的划分。

在西方天文学中，位于天空中太阳运动轨道上的星座有 12 个。十二星座衍生出了丰富的文化。实际上，西方的十二星座在古代便传入了中国，并且在中国有与之相对应的名称。唐代天文学著作《儒门崇理折衷堪舆完孝录地盘名号例》中已经将西方的 12 星座进行了中国化命名，只是这一命名体系在今天已经鲜为人知了。

12 星座对应表

十二次	二十八星宿	黄道十二宫
星纪	斗牛女	摩羯宫
玄枵	女虚危	宝瓶宫
诹訾	危室壁奎	双鱼宫
降娄	奎娄胃	白羊宫
大梁	胃昴毕	金牛宫
实沈	毕觜参井	双子宫
鹑首	井鬼柳	巨蟹宫
鹑火	柳星张	狮子宫
鹑尾	张翼轸	室女宫
寿星	轸角亢氐	天秤宫
大火	氐房心尾	天蝎宫
析木	尾箕斗	人马宫

【知识链接】

子曰玄枵，又曰宝瓶；

亥曰诹訾，又曰双鱼；

戌名降娄，又名白羊；

酉名大梁，又曰金牛；

申名实沈，又曰阴阳；

未名鹑首，又曰巨蟹；

午名鹑火，又曰狮子；

巳名鹑尾，又曰双女；

辰名寿星，又曰天秤；

卯名大火，又曰天蝎；

寅名析木，又曰人马；

丑名星纪，又曰摩羯。

——《儒门崇理折衷堪舆完孝录地盘名号例》

观沧海

［东汉］曹操

东临碣石，以观沧海。
水何澹澹，山岛竦峙。
树木丛生，百草丰茂。
秋风萧瑟，洪波涌起。
日月之行，若出其中；
星汉灿烂，若出其里。
幸甚至哉，歌以咏志。

曹操登临碣石山顶，将大海的壮观景象一览无余，感慨仿佛连日月星辰都从其中涌现而出。从地球上来看，日月星辰每天都在天空中运动，仿佛从大海中升起、落下，这是地球自转形成的结果。与地球最近的星体除了月亮之外，便是几大行星了，今天人们观测到太阳系有八大行星，分别是水星、金星、地球、火星、木星、土星、天王星、海王星，其中古人没有特别注意到距离地球较远的天王星和海王星，除此之外对其他五大行星均有观测，五大行星在中国文化中有丰富的内涵。

▲ 彩锦“五星出东方利中国”

1995 年，人们在我国新疆维吾尔自治区民丰县的古墓中发现了一块彩色的织锦。这块彩锦并不大，长宽只有十多厘米，绑在古墓主人的右侧手臂上。彩锦有蓝、绿、黄、红、白五种颜色，还有日月、云朵、孔雀、仙鹤等纹样。考古人员并没有费太大力气就辨认出了彩锦上的字：“五星出东方，利中国。”

原来，这是一块汉代古墓中的遗物。《史记 · 天官书》中说：“五星分天之中，积于东方，中国利。”彩锦和《史记》上的话是当时中国人对天文现象的一种观察和理解。其中的“五星”并不是今天中国国旗上的五星，而是当时的人们能在夜空中看到的五颗运动轨迹比较特别的星星，分别是金星、木星、水星、火星、土星，也就是现在太阳系中最重要的几颗行星。

《史记 · 天官书》中说：“天有五星，地有五行。”早在两千多年前，我们的祖先就对行星有了清楚的观察，并且按照金、木、水、火、土进行了命名，这一命名体系一直沿用到今天。

在中国历史上，五星分别有不同的叫法，也衍生出了不同的社会文化。

金星，也称为启明星、太白或太白金星。在《西游记》中，太白金星是天上的神仙之一，最初被派来调和孙悟空和玉皇大帝之间的矛盾。实际上，金星是一颗行星，是古人能观测到的五颗重要行星（也就是五星）之一。在天空中，金星是除了太阳、月亮之外最亮的星星，人们常常能在黎明时分东侧的天空中看到它，所以称其为启明星；有时候它也出现在傍晚时分的西方天空。《诗经·小雅》中说："东有启明，西有长庚。"这便是诗人观察到的金星：有时出现在东侧的天空，称为启明星；有时出现在西侧的天空，称为长庚星。

木星，也称岁星、纪星等。木星是五星中最大的一颗，也是夜半最亮的几颗星之一。两千多年前，人们掌握了木星的运动规律，发现木星在天空中的位置大约每 12 年循环一次，每年都会经过一个特定的天空区域。于是人们通过观察木星在天空的位置来纪年，每 12 年为一个周期，与十二地支相对应。在中国民间，岁星也被称为太岁，每年均有一种太岁神在保佑人类的平安。当一个人在某一年常遇不顺时，便被认为是"犯太岁"，惹怒了太岁神。

水星，也称辰星。水星与太阳的距离最近，很容易被太阳光湮没，但偶尔也可以在日出前后的天空中，太阳附近的位置看到它。

火星，也称荧惑。火星的亮度时明时暗，位置变化不定，令人迷惑，故名"荧惑"。

土星，也称镇星、填星、信星等。古人观察到，土星的位置大约每 28

年绕天空一周，每年进入二十八宿中的一宿，即“岁镇一宿”，好像轮流坐着二十八宿一样，故名“镇星”。

在中国的历史典籍或者诗歌中，经常会看到一些关于天文现象的描述，比如《狱中上梁王书》中说：“太白食昴（mǎo）。”《论衡》中说：“宋景公之时，荧惑守心。”这些说法分别是什么意思呢？这便需要用到中国古代关于星宿的知识了。

五星是太阳系中的行星，在天空中的位置是不断变化的。其他大部分可见的星星是恒星，在天空中的位置是相对固定的，组成相应的星宿。“太白食昴”“荧惑守心”所表示的意思，便是五星中的“太白星”（金星）、“荧惑”（火星）的位置分别在“昴”和“心”两个星宿的位置。

在中国文化中，行星在星宿中的位置总是有着特殊的含义。比如古人认为，当“荧惑守心”这一现象出现的时候，天下总会发生大的祸乱。这是将天文现象与社会现象进行附会的一种做法。

【知识链接】

三十七年，……荧惑守心。心，宋之分野也。景公忧之。司星子韦曰：“可移于相。”景公曰：“相，吾之股肱。”曰：“可移于民。”景公曰：“君者待民。”曰：“可移于岁。”景公曰：“岁饥民困，吾谁为君！”子韦曰：“天高听卑。君有君人之言三，荧惑宜有动。”于是候之，果徙三度。

——《史记·卷三十八 宋微子世家》

月有阴晴圆缺：月相与历法

水调歌头·明月几时有

［北宋］苏轼

明月几时有？把酒问青天。不知天上宫阙，今夕是何年。我欲乘风归去，又恐琼楼玉宇，高处不胜寒。起舞弄清影，何似在人间。

转朱阁，低绮户，照无眠。不应有恨，何事长向别时圆？人有悲欢离合，月有阴晴圆缺，此事古难全。但愿人长久，千里共婵娟。

月亮在中国文化中有着丰富的象征意义，也有实用价值。《三字经》中说：“三光者，日月星。”星星毕竟遥远，古人以月相的变化为基础发明了农历，而太阳的东升西落、每日运动，更是人们记录时间最重要的参照物。

“人有悲欢离合，月有阴晴圆缺”，诗人们早已熟知月亮圆与缺的规律。古人对月亮的变化有丰富的观察。在很早之前，古人就开始根据月相变化的规律，把每次

[南宋] 马远绘《月下把杯图》

月相变化的周期称为一个月，并且以此为基础，发明了农历。

古人还发现，月亮像太阳一样，也是每天都从东方升起、在西方落下。只是，月亮不像太阳那样固定为每天早上升起、傍晚落下，而是升起的时间每天都在变化。《朱子语类》中说："日一日一夜一周恰好，月却不及十三度有奇。"意思是说，太阳升起落下，一个 360° 的循环周期，即为一天；而月亮升起落下，形成的一个 360° 的循环周期并不是我们生活中的一天，而是每天会差大约 13°。古人发现，在每天同样的时刻观察月亮，比如每天都在黄昏前后18点时观察，月亮的位置随着日期的推移，每天都比前一天要偏东一些。这样，古人便总结出月亮每日在天空中“退行十三度有奇”的规律，每30天左右完成一个周期的变化，即为一个月。

有许多常见的古诗词是描写月亮的，不同的古诗词描述的实际上是一个月内月相的不同时刻，是不同的月相。兹举几例。

暮江吟

［唐］白居易

一道残阳铺水中，
半江瑟瑟半江红。
可怜九月初三夜，
露似真珠月似弓。

这首诗描述的是九月初三时的月亮。农历每月十五日这一天，月亮在黄昏时从东方升起，到了早晨从西方落下，整个夜里都有月亮；而在正月初一这一天，月亮与太阳运行同步，早上从东方升起，黄昏时落下，几乎看不到月亮。每天月亮的运行周期比太阳慢13°，过了农历每月初一，在太阳落下地平线之后，月亮开始出现在西部天空，古人把这时看到的月亮称为新月。这就是白居易看到的月亮，是在太阳落入地平线前后看到的——刚才还看到太阳，忽然太阳落下，就看到了月亮。此时看到的月亮，像一张弓一样，最初只有一道线，之后，随着时间的推移，月亮由新月变为蛾眉月，直到变成了半轮月亮。

▲［清］陈枚绘《月曼清游图册》之《琼台玩月》

峨眉山月歌

[唐] 李白

峨眉山月半轮秋，
影入平羌江水流。
夜发清溪向三峡，
思君不见下渝州。

这首诗描述的是“半轮”月。每到农历每月的初七、初八前后，即上半月的上半夜，在西方天空西侧半边明亮的月亮称为“上弦月”。“半轮”就是说月亮的一半是明亮的，这生动写出了月亮在这一时间的月相。随着时间的推移，再过一段时间，月亮明亮的范围会再一次扩大，所以古人将此时的月亮称作“渐盈凸月”。此时，大概就到了农历每月的十二、十三日。

生查子·元夕（节选）

[北宋] 欧阳修

去年元夜时，
花市灯如昼。
月上柳梢头，
人约黄昏后。

农历的上半月，天还没有黑下来，月亮便出来了，到了半夜，月亮便落下去了，后半夜没有月亮。“月上柳梢头，人约黄昏后”说的就是上半月。

到了农历每个月的十五日，月亮便正好在黄昏时升起、在清晨落下，这样在整个夜里都有月亮了。我们仰望星空，一轮圆圆的明月映入眼帘。古诗

“今夜明珠色，当随满月开”写的便是农历每月十五日的月亮。古人称这一天的月亮为“满月”，称这一天为“望日”。

以上是月相从亏到盈的变化周期。从农历每月的十五、十六日开始，月亮将进入从盈到亏的变化。满月之后的月相，在西半边慢慢亏缺、“消失”。

[南宋] 马远绘《举杯邀月图》

采桑子·恨君不似江楼月

[南宋]吕本中

恨君不似江楼月，南北东西，
南北东西，只有相随无别离。
恨君却似江楼月，暂满还亏，
暂满还亏，待得团圆是几时？

这首词写出了月相在“满月”之后的变化，此时的月即为“渐亏凸月”，大约出现在农历的十七、十八日。苏轼在《前赤壁赋》中说：“壬戌之秋，七月既望，苏子与客泛舟游于赤壁之上……少焉，月出于东山之上，徘徊于斗牛之间。”苏轼用“斗”“牛”两个星宿来表示月亮的位置。同时，从这篇文章中我们可以看到，在农历每月的十五日之后，月亮升起的时间会逐渐推迟。

与上弦月相对的是下弦月，下弦月说的是在下半月的下半夜，东侧半边明亮的月亮，大约出现在农历的二十二、二十三日前后。

在此之后至月末，月亮逐渐亏缺，又变成蛾眉月，也称残月。柳永在《雨霖铃》中说：“今宵酒醒何处？杨柳岸，晓风残月。”下半月的月亮总是在半夜才从东边升起，到了清晨前后升上天空，诗人柳永沉沉地睡了一觉，在酒醒的时候，已经是后半夜了。

古人在月相变化的基础上发明了农历，与当代引自西方的历法有一些差异。月相的一个变化周期大约为29.5天，所以每月分为大月和小月，大月30天，小月29天，按照实际的月相变化加以设置。12个月大约为354天，

▲［清］蒋溥绘《月中桂兔图》

与实际上的每年（即 365 天多一点）还差十多天，所以古人设置了“平年”“闰年”来加以平衡。平年为 12 个月，闰年为 13 个月，平均每 19 年设置 7 个闰年。

农历是以月相的变化为基础形成的，不过，一年的季节循环、冷暖变化，是以严格的太阳的运动为基础的。太阳在天空中的轨迹完成一个周期的循环为一年。一年之内，温度、降水有固定的规律，比如某些月份，降水会增加；某些日子，天气变冷会下霜；某些日子，迎春花开放。农作物在固定的温度和湿度影响下，会有十分严格的生长规律。

在这种情况下，农业生产需要精确到一年内某个固定的日子开始固定的劳动，但是农历的月份或日期经常不能准确地反映温度和降水等这些变化，比如有时候农历九月上旬下霜，有时候则是下旬。为了增加历法的实际应用，平衡按照月相变化的月份与实际天气变化的不精确情况，古人很早便发明了二十四节气，严格按照太阳运动规律，将一年分为 24 个节气，约每 15 天一个节气，以更准确地反映大自然的季节变化规律，更好地指导农业生产和日常生活。

二十四节气按照顺序分别为：立春、雨水、惊蛰、春分、清明、谷雨、立夏、小满、芒种、夏至、小暑、大暑、立秋、处暑、白露、秋分、寒露、霜降、立冬、小雪、大雪、冬至、小寒和大寒。为便于记忆，人们编出了易于诵读的歌诀：

二十四节气歌

春雨惊春清谷天，
夏满芒夏暑相连，
秋处露秋寒霜降，
冬雪雪冬小大寒。
上半年来六廿一，
下半年是八廿三。
每月两节不变更，
最多相差一两天。

“上半年来六廿一，下半年是八廿三”的意思是：现在公历意义上的1—6月为上半年；7—12月为下半年。每个月一般有两个节气，通常上半年每个月的6日、21日是节气，下半年每个月的8日、23日是节气，最多前后相差一二天。节气总是从现在公立的2月份开始，每个月2个。比如2月为立春、雨水，3月为惊蛰、春分，以此类推，每年都一样。

节气有丰富的文化内涵，不仅反映了季节变化，也有丰富的民俗传统，是中国文化的重要组成部分。

三更灯火五更鸡：时辰

劝学诗

［唐］颜真卿

三更灯火五更鸡，
正是男儿读书时。
黑发不知勤学早，
白首方悔读书迟。

“更”是古人表示时间的单位，从“三更”到“五更”，这是表示一个人通宵达旦地读书学习。

在现代钟表发明之前，古人用日晷和刻漏来计算时间。在中国文化中，时间也称为“光阴”，这便与日晷有关。日晷的“日”指太阳，“晷”是指影子。太阳每天东升西落，照射物体产生的影子也在不断地改变着长短与方向。影子的方向每小时移动15°，早晨的影子最长，正午到正南方，而且最短，以此，便可以根据影子的位置确定一天内的时间了。

日晷只能在有太阳的时候使用，阴天与夜晚无法使用。于是人们发明了更多计算时间的仪器，刻漏是最常见的计时仪器。漏，是指漏壶；刻，是指刻箭。箭，是标有时间刻度的标尺。刻漏是以壶盛水，利用水均衡滴漏原理，观测壶中刻箭上显示的数据来计算时间的器物。唐代诗人李益写诗说："似将海水添宫漏，共滴长门一夜长。"其中记录的便是刻漏。

古人把一昼夜平均分为 12 个时辰，也分为一百刻（一刻等于 14.4 分，与现在的一刻很接近）。12 时辰用 12 地支来表示。

子时，也称为夜半，又名子夜、中夜，为现在 23 时至 1 时。

丑时，也称为鸡鸣，为现在 1 时至 3 时。

寅时，也称为平旦，又称黎明、早晨、日旦，为现在 3 时至 5 时。

卯时，也称为日出，又名日始、破晓，为现在 5 时至 7 时。

辰时，也称为食时，为现在 7 时至 9 时。

巳时，也称为隅中，为现在 9 时至 11 时。

午时，也称为日中，又名日正、中午，为现在 11 时至 13 时。

未时，也称为日昳，又名日跌、日央，为现在 13 时至 15 时。

申时，也称为晡时，又名日铺、夕食，为现在 15 时至 17 时。

酉时，也称为日入，又名日落、傍晚，为现在 17 时至 19 时。

戌时，也称为黄昏，又名日夕、日暮、日晚，为现在 19 时至 21 时。

亥时，也称为人定，又名定昏，为现在 21 时至 23 时。

此外，古人还把每天的夜晚分为五更。其中现在的 19 时至 21 时为一更，21 时至 23 时为二更，23 时至 1 时为三更，1 时至 3 时为四更，3 时至 5 时为五更。"三更"正好是半夜。

第三章

天气气候

吹面不寒杨柳风：风的观测

绝句

［南宋］释志南

古木阴中系短篷，
杖藜扶我过桥东。
沾衣欲湿杏花雨，
吹面不寒杨柳风。

这首诗说：在古树下拴好小船，拄起拐杖，走过小桥来欣赏春天的景色。丝丝细雨伴随着杏花落下，沾在衣服上；阵阵微风吹动杨柳，吹在脸上，已经感觉不到寒冷了。

风在古诗词中很常见。有春风，“春风得意马蹄疾，一日看尽长安花”（孟郊《登科后》）；也有夏风，“夜来南风起，小麦覆陇黄”（白居易《观刈麦》）；还有秋风，“八月秋高风怒号，卷我屋上三重茅”（杜甫《茅屋为秋风所破歌》）。

在中国文化中，风能引起人的伤感，也能引起人的遐思，如“小楼昨夜又东风，故国不堪回首月明中”（李煜《虞美人》）、“相见时难别亦难，东风无力百花

[北宋] 王希孟绘《千里江山图》中的桥

残”（李商隐《无题》）。

在古代科学家的世界里，风是另外一种样子。公元 132 年，科学家张衡发明了人类历史上第一个监测地震的地动仪，名字叫候风地动仪。这个地动仪的名字为什么叫“候风”呢？因为张衡希望，他发明的地动仪能够像当时的人用来观测风向和风力的仪器那样精确、灵敏。

在张衡生活的东汉时期，我国的祖先已经学会了用仪器精确观测风向与风速，称之为“候风法”。比张衡再早几百年，西汉时期的著作《淮南子》提道：“辟若伣（qiàn）之见风也，无须臾（yú）之间定矣。”东汉的高诱认为：

“伣，候风者也。”“伣”是一种更早用于观测风的仪器，甚至在距今三千多年前的商代甲骨文中就曾出现过。在《淮南子》成书的年代，伣已经是十分成熟的仪器，可以在须臾之间观测到风的情况。

从周代的《诗经》中可以看到，当时已经有“终风”“凯风”“谷风”“飘风”等不同的风。比如“终风且霾”“凯风自南”“习习谷风，以阴以雨”“冬日烈烈，飘风发发”等。其中，“终风”是持续时间较长的风；“凯风”是相对比较温暖的风；“谷风”是从山谷吹来的风，湿度较大；“飘风”是寒冷或者剧烈的风。到了战国时期，《吕氏春秋》将风按照方向分为八种，之后，八个方向的风向划分成为固定的原则。

实际上，东汉时期的张衡不仅发明了地动仪，也发明过观测风的仪器。张衡发明的观测风的仪器称为“相风铜鸟”。《三辅黄图》中说，这种仪器“千里风至，此鸟乃动”。“相风铜鸟”上标有刻度，风的大小会影响到鸟的刻度位置。千里风是指每天会走一千里地的风，这是古人用来表示风速快慢的方法。

到了几百年之后的唐代，著名的天文学著作《开元占经》对观测风向的方法做了总结：“凡候风，必于高平畅达之地，立五丈竿，以鸡羽八两为葆（bǎo），属竿上，候风吹羽葆，平直则占。”也就是说，在测量风的时候，要选择位置高的空旷场地，竖起一个五丈高的木杆，在杆子的顶端绑起用羽毛做的幡，幡的重量是固定的。这样，根据幡飘动的高低和方向，就能判断风向和风速。除了这种简易的办法外，这本书中还记载了更精确的办法，相对比较复杂，在此不再赘述。

在唐代，有一位名叫李淳风的道士写了一本书，叫《乙巳（sì）占》。这本书第一次对风速快慢做了等级划分：“动叶（即树叶）十里，鸣条（即枝条）

▲［南宋］李迪绘《风雨归牧图》中的风

百里，摇枝（即树干）二百里，落叶三百里，折小枝四百里，折大枝五百里，走石千里，拔大根三千里。”从十里到三千里分别是不同风速的风每天的行程，也就是风力的大小。

该书还有另外一种划分方法：“一级动叶，二级鸣条，三级摇枝，四级坠叶，五级折小枝，六级折大枝，七级折木飞沙石，八级拔大树及根。”如果再加上无风状态，这种风力等级划分方法便是人类现存的文献记载中，第

▲［南宋］佚名绘《春江帆饱图》中的风帆

一次这样清楚而明白的划分。可以看到，李淳风对风力等级的划分方法已经十分接近近代西方了。

风是空气的流动，也是一种能量，中国古人很早就学会了利用风的力量。唐代大诗人李白曾写下“长风破浪会有时，直挂云帆济沧海”的诗句。风可以吹动帆，从而带动船。顺风顺水是最好的，不过俗话说，“船驶八面风”。只要有风，船工就可通过改变帆的方向，来让船朝着需要的方向前行；还能让几个帆集中起来，将小的风变成大的风。

三国时期的著作《南州异物志》中说：“其四帆不正前向，皆使斜移，相

▲［明］戴进绘《风雨归舟图》中的小船

聚以取风吹。风后者激而相射，亦并得风力。若急，则随宜增减之。斜张相取风气，而无高危之虑，故行不避迅风激波，所以能疾。”意思是说，一艘船上安装四只帆，这四只帆不是都朝前，而是斜着，这样，几只帆就能把风聚集起来。风吹到一只帆上，受到这只帆的顶压之后再传到另外一只帆上，风就会变得更大。在积累经验的基础上，人们可以根据船速的需要，调整帆的朝向，这样就能获得不同的风向和风速，同时还能保证船只的平稳运行。

风还能运用在农业生产中。明代的《天工开物》说：“扬郡以风帆数扇，俟风转车，风息则止。此车为救潦，欲去泽水。”用风的力量，可以带动水车的转动，将水从低处引向高处，用来灌溉农田。当时的一些著作还详细记载了制作风力水车的办法。

风是大自然的一部分，也是人类生产生活的一部分。认识大自然，并且按照自然规律利用大自然，实现与大自然和谐共处，这是中华文明，也是每一种人类文明一直不变的使命。

沾衣欲湿杏花雨：雨的观测

约客

［南宋］赵师秀

黄梅时节家家雨，
青草池塘处处蛙。
有约不来过夜半，
闲敲棋子落灯花。

三衢道中

［南宋］曾几

梅子黄时日日晴，
小溪泛尽却山行。
绿阴不减来时路，
添得黄鹂四五声。

这两首诗描述的都是宋代长江中下游地区梅子成熟时期的天气情况，一首诗说此时天天下雨，一首诗却说此时天天都是晴天，相互矛盾，这是怎么回事呢?

在长江中下游地区，每年6月份是梅子成熟的季节。一般来说，每年春天，随着各地气温升高，我国南方和西南地区的水汽会开始变得活跃，降雨带也会不断北上，在6月时一般会向北推进到长江中下游一带。这时候，长江中下游会出现阴雨连绵的天气，称为“梅雨”，古代有很多诗词提到“梅子黄时雨”。不过，在有些时候，因为南方来的水汽向北推进得太慢，或者太快，在梅子成熟时还没到达或者已经超过了长江中下游，那么此时这里便会是晴天，梅雨没有出现，人们就将这种偶然出现的现象称为“空梅”。“梅雨”时，家家雨；“空梅”时，日日晴。

在中国古代历史上，天气变化不仅与每天的生产生活相关，而且常常会改变一些重大的历史进程，所以，下至贩夫走卒，上至王公贵族，人人都关心天气变化。

中国最早的文字——商代甲骨文中，有很大一部分写的是占卜天气的内容。比如一则甲骨的内容是：“癸卯卜，今日雨。其自西来雨？其自东来雨？其自北来雨？其自南来雨？”

西周时的《诗经》已经有一些对天气的描述，比如“如彼雨雪，先集维霰（xiàn）”，冬天下雪以前，可能会落下一些细小的雪珠；再比如，《诗经》中还有“北风其凉，雨雪其雱（pāng）”，如果冬天下雪前的风刮得很凉，雪就会下得很大。

▲［明］张路绘《山雨欲来图》

下雨甚至还会影响历史。在秦代第一个皇帝秦始皇去世之后的第二年，即公元209年7月的一天，在今天安徽省的北部下了大雨。此时，一队将要前往边关的民丁被大雨阻挡，无法按期到达目的地，带头的陈胜、吴广认为“失期，法皆斩”，于是便发起了大泽乡起义。不到两年时间，曾经风云一时的秦朝便灭亡了。这场雨，成为改变历史的导火索。

在陈胜、吴广生活的时期，中国人已经积累了不少对天气变化的观测结论。秦代的《吕氏春秋》对不同的云做了分类，提道：“山云草莽，水云鱼鳞，旱云烟火，雨云水波。”山云、水云、旱云、雨云，这是人类历史上第一次对云做正式的分类，与今天的分类有些区别。今天主要根据云的形状，将云分为层云和积云。层云是一层层的云，积云是水汽蒸发形成的云，在这两种云的基础上，再根据云中含有水汽多少进行细的划分。《吕氏春秋》说的山云是指像杂草一样的积雨云，容易下雨；水云是像鱼鳞一样的卷积云，是水汽在不断聚集；旱云是淡积云，像点火冒的烟，零零散散，不会下雨；雨云是像水波一样的层积云，很容易会下雨。

汉代人对降雨有了进一步的认识。《淮南子》中写道：“夫湿之至也，莫见其形，而炭已重矣。”意思是，在潮湿的空气到来时，人可能感受不到，但是干燥的木炭会吸水，也会吸收空气中的水汽，从木炭重量便可以知道空气的湿度了。

在古诗词中，雨是经常被提及的现象。有早上下的雨：“渭城朝雨浥轻尘，客舍青青柳色新。”（王维《送元二使安西》）有黄昏时下的雨：“七八个星天外，两三点雨山前。旧时茅店社林边，路转溪桥忽见。”（辛弃疾《西江月》）有夜里下的雨：“何当共剪西窗烛，却话巴山夜雨时。”（李商隐《夜雨寄北》）

有春雨：“好雨知时节，当春乃发生。”（杜甫《春夜喜雨》）也有秋雨：“秋阴不散霜飞晚，留得枯荷听雨声。”（李商隐《宿骆氏亭寄怀崔雍崔衮》）

白天，有时烟雨空蒙，雨滴纷纷而落，有时“春潮带雨晚来急”（韦应物《滁州西涧》），到了夜晚则变成了听雨，“夜来风雨声，花落知多少。”（孟浩然《春晓》）“夜阑卧听风吹雨，铁马冰河入梦来。”（陆游《十一月四日风雨大作》）

宋代词人蒋捷专门写过一首《虞美人·听雨》，写出了人生在不同年龄段听到雨声时的感受：

少年听雨歌楼上，红烛昏罗帐。
壮年听雨客舟中，江阔云低，断雁叫西风。
而今听雨僧庐下，鬓已星星也。
悲欢离合总无情，一任阶前，点滴到天明。

在唐代，不仅有诗词提到雨，也有人专门研究雨的规律。有一个叫黄子发的人专门写了一本《相雨书》，总结了当时中国人预测天气的各类经验。这本书里把云做了更多的分类，比如有“炮车云”“跃鱼云”“羊猪云”“浴猪云”“海涛云”“鱼鳞云”“覆船云”“抒柚云”等近十种。在古代文献中，这些云有的可以找到一些解释，有的已经无法找到确切的解释，今天的人只能根据想象来理解了。

比如炮车云，这是一种像大炮形状的云，底部比较平坦，上部隆起，发展变化十分迅速。古人说：“炮车云起，辄急避之，乃大风候也。”看到天上有了炮车云，要赶紧避一避，肯定要刮大风了。1084 年的夏天，宋代诗人苏轼路过

▲ 佚名绘《雨气千山图》（大都会博物馆藏）

[南宋] 佚名绘《云峰远眺图》(局部)

现在的南京，曾写过诗句：“今日江头天色恶，炮车云起风欲作。”可见，云的类别，以及云与天气的关系，已经成为那时候很多人生活常识的一部分。

在七百多年前的南宋时期，一位叫秦九韶的科学家写过一本《数书九章》，这是一本数学著作。其中有一道题：

问：今州郡都有天池盆，以测雨水……假令盆口径二尺八寸，底径一尺二寸，深一尺八寸，接雨水深九寸，欲求平地雨降几何。

答曰：平地雨降三寸。

在那时候，中国各地都设置了用于观测降雨量的仪器，称为“天池盆”，实际上就是一个标有刻度的水盆。只是，这个水盆上宽下窄，口径比较大，

[元] 盛懋绘《坐看云起图》中的云

雨从比较大的盆口落入，但是盆底比较小，所以下雨结束后，盆中的水量比室外平地上的雨量要显得多一些，想知道室外平地上的降水量，需经过计算。此次降水，天池盆的水深有九寸，而计算之后，实际平地的降水量是三寸。

可见，南宋时期，中国已经建立了比较完善的降水观测体系。

在民间，中国的祖先不断观察生活中的天气现象，总结出了许多关于天气的谚语，比如“朝霞不出门，暮霞行千里”，朝霞意味着阴天，而晚霞意味着晴天；“蜻蜓飞得低，出门戴斗笠”，蜻蜓更能感受到空气湿度的变化，飞得低时容易下雨。

这些谚语一直流传到今天，为人们的生产生活提供帮助。

万里初来舶趠风：季风气候

舶趠风

[北宋] 苏轼

三旬已过梅黄雨，
万里初来舶趠风。
几处萦回度山曲，
一时清驶满江东。

宋代，中国的海外贸易十分发达。那时候，人们选择在夏季东南风到来时靠岸，在冬季风到来时出海远航。于是，东南季风也称为“舶趠（chào）风”。“舶”是指出海航运的大船，“趠”是指小舟。

这首诗还有一个小的序：“吴中梅雨既过，飒然清风弥旬，岁岁如此，湖人谓之舶趠风。是时海舶初回，云此风自海上与舶俱至云尔。”“吴中”是现在江南地区的苏州一带，在四五月份为梅雨季节，阴雨连绵，天气闷热而潮湿。梅雨季节结束之后，清风徐来，海上的船只与东南风一起到来，放眼望去，水中都是船只，湿热的天气终于有所缓解。

在那时，舶趠风的到来不仅表示气候变化，而且意味着商业活动的变化，也意味着自然景色的变化，是南方很重要的现象。“舶趠风”这一气候名词慢慢也成为文人笔下的重要主题。生活在清代初年的王士祯写过一首《金陵道上》：“乍疏乍密秧针雨，时去时来舶趠风。五月行人秣（mò）陵去，一江风雨昼濛濛。”“秣陵”就是现在的南京。这首诗写出了梅雨季节结束前后南京一带的景象，颇具神韵。

阴晴雨雪为天气，四季冷暖为气候。描写我国各地气候的古诗词也有很多。

我国国土东西南北跨度很大，同一时间的不同地区，自然条件有着很大

[清] 吴历绘《云白山青图》中的云雾

的差异。春季二月，在长江南岸的江西上饶一带，人们看到的场景是柳叶已经很长："草长莺飞二月天，拂堤杨柳醉春烟。"（高鼎《村居》）在江淮一带，人们看到的场景是柳树发芽："不知细叶谁裁出，二月春风似剪刀。"（贺知章（《咏柳》）在北部的太行山上，人们还能看到雪："太行和雪叠晴空，二月春郊尚朔风。"（吴融《金桥感事》）

到了三月，江南一带开始变得花红柳绿，"暮春三月，江南草长，杂花生树，群莺乱飞"。（丘迟《与陈伯之书》）而即使到了五月，西部新疆的天山上还有常年的积雪，诗人在新疆天山脚下这样写道："五月天山雪，无花只有寒。"（李白《塞下曲六首·其一》）此时的华北一带，小麦成熟了，诗人在诗中说："田家少闲月，五月人倍忙。夜来南风起，小麦覆陇黄。"（白居易《观刈麦》）

到了六月，天气炎热，各地的荷花盛开，"毕竟西湖六月中，风光不与四时同。接天莲叶无穷碧，映日荷花别样红"。（杨万里《晓出净慈寺送林子方》）

到了八月，苏轼在密州（今属山东）思念亲人，杜甫则在四川盆地感叹秋风吹坏了茅草屋顶："八月秋高风怒号，卷我屋上三重茅。"（杜甫《茅屋为秋风所破歌》）此时的新疆则已经开始下雪了："北风卷地白草折，胡天八月即飞雪。"（岑参《白雪歌送武判官归京》）

总的来说，我国各地大多有明显的春、夏、秋、冬四季，区别在于：中部地区四季分明；东北、西北边疆冬天长，而夏天短；在南方地区则是夏天长，冬天短；在岭南以南，则几乎没有冬天。至于西南部的云贵高原则是春秋长，冬夏短，号称四季如春。

造成我国气候变化的最重要因素是季风。中国有全世界独一无二的季风气候。所谓的季风，是指：夏天，风从海上吹来，许多地区天气温暖多雨；冬天，气流从寒冷的西北方向吹来，大部分地区寒冷干燥。

在三国时期，人们就知道了季风的规律。公元 208 年，也就是建安十三年，曹操率领大军南下，与孙权、刘备联军在赤壁一带隔江对峙。为了便于北方的战士熟悉水上作战，曹操一方将战船首尾相连，再铺上木板，这样水上也变得像陆地一样了。这时候，交战的双方都知道，如果孙刘联军用火攻，曹操会受到巨大的损失，因为船都连在一起，无法活动。可是双方也都清楚，在隆冬时分，几乎每天都是刮西北风，处在南岸的孙刘联军用火攻，只会烧到自己，而无法烧到北岸的曹操。不巧的是，这几天恰好来了一股南风，不仅使孙刘联军的火攻计划实施成功，而且由于南风带来了大雨，给曹操的退军带来极大影响，加大了曹操一方的损失。这次不按时出现的东南风改变了中国历史的进程。

在古代，人们不只是把夏季的暖风、冬季的寒风称为季风，还把这种随着季节变化而变化，且有规律的风称为信风。比曹操生活的时期早一些的

[清] 钱穀绘《柳浦渔乐图》（局部）

《风俗通义》中说："五月有落梅风，江淮以为信风。"这是说，江淮地区把梅花落时的风称为信风。再如中国的一些地区，在小麦成熟时常常刮某个类型的风，称为"麦信"；一些地区在某类候鸟刚刚迁徙时常常刮风，称为"鸟信"；一些地区在立冬时常常刮风，称为"立冬信"；一些地区元宵节时常常刮风，称为"元宵信"。可见，古人说的信风不只是现在的冬夏季风向不同的季风。

因为中国大部分地区都有四季分明的气候，春、夏、秋、冬四季变化十分清楚，于是，与季节变化伴随的自然现象慢慢成了中国节令文化的一部分。比如，有时候，"信风"一词甚至不仅指风，也常常用来指像季风一样，按照季节的变化有固定规律的事物。举例来说，古人把按季节开放的花，称为"花信风"。北宋时期的诗人晏殊写过："春寒欲尽复未尽，二十四番花信风。"在那时，人们把从冬末春初开始，按开放的季节先后将花做了排列，每个节气有三种花，从小寒到谷雨共 8 个节气，24 种花，称为"二十四番花信风"。

小寒至谷雨，凡四月，共八个节气，一百二十日，每五日一候，计二十四候，每候应以一种花的信风。每气三番。

小寒：梅花、山茶、水仙；
大寒：瑞香、兰花、山矾；
立春：迎春、樱桃、望春；
雨水：菜花、杏花、李花；
惊蛰：桃花、棣棠、蔷薇；
春分：海棠、梨花、木兰；
清明：桐花、麦花、柳花；
谷雨：牡丹、酴醾、楝花。

——明代杨慎《二十四番花信风》

第四章

水陆交通

千里江陵一日还：水运与陆运

早发白帝城

［唐］李白

朝辞白帝彩云间，
千里江陵一日还。
两岸猿声啼不住，
轻舟已过万重山。

唐肃宗乾元二年（759），大诗人李白在荆州参加了永王李璘组织的军事活动。永王是唐肃宗的异母弟，这种擅自进行的军事活动很容易被朝廷冠以谋反罪，于是，已经59岁的李白被判处流放西南。

李白从荆州沿着长江逆流而上，穿过长江三峡，走到白帝城，得知他被朝廷赦免了。此刻的李白惊喜交加，心情顿时变好，马上准备从白帝城顺流而下，返回荆州。在当时，荆州包括很多个县，荆州府驻地是江陵县，就好比今天的省会驻地一样，去江陵即去荆州。临出发前，李白诗兴大发，写下了这首《早发白帝城》。

白帝城在今天的重庆市奉节区，位于三峡的西侧，在李白生活的时期属于夔州；江陵在三峡的东侧，从白

白帝城与江陵位置示意图

帝城向东沿长江顺流而下，穿过三峡，便是荆州的江陵。

在当时，李白是要从白帝城回到江陵，而不是赶到江陵办事之后再返回白帝城，所以这首诗中说的“千里江陵一日还”，这是说李白想用一天时间从白帝城赶到江陵。这个想法能实现吗？

从白帝城到江陵的距离大约450千米。长江在这一段水流湍急，根据今天的测量，水流速度大约为3.5米/秒，换算一下，也就是12.6千米/小时，如果再加上风帆和划船，只要船速可以达到20千米/小时，差不多用一天一夜就可以从白帝城赶到江陵了。

比李白生活的时期还要早两百多年的地理学家郦道元在《水经注》中说：“或王命急宣，有时朝发白帝，暮到江陵，其间千二百里，虽乘奔御风，不以疾也。”也就是说，有时候早上从白帝城出发，晚上就能赶到江陵，这样算来，当时这段水路上的船速能超过40千米/小时，接近今天很多普通渔船的速度了。

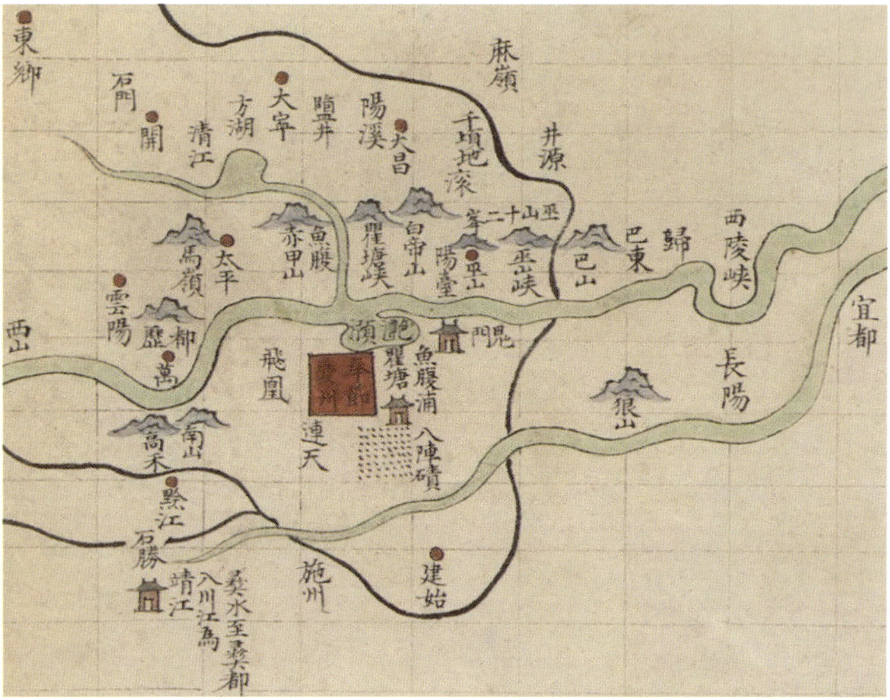

明代长江三峡地图

这段水路途经三峡，水的流速很快，顺流而下，船速自然也快。如果是逆流而上，船靠纤夫人力拖行，船速便非常慢了。在古代，像这样水流速度快的河流做交通运输，在逆流时，单靠划桨无法逆流而上，便需要纤夫在岸边的高山上沿着河岸拖着船走。纤夫走的路，大多处在比河岸高很多的地方，纤夫不是携带行李的商人，不需要道路有多宽、多平坦，只要人能通过便可以，所以往往地势高，崎岖不平，有时称为“鸟道”。

在整个古代交通体系中，三峡段属于比较特别的例子。在大部分情况下，古代内陆河流作为交通线，水流是比较平缓的，船速并没有这么快。一般来说，一艘船一天只能走 100 里地（即 50 千米）。在经济比较发达的长江中下游平原地区，河网密布，有很多专门用来载客的木船，这是人们出远门时的主要交通工具。古诗中提到很多，比如“孤帆远影碧空尽，唯见长江天际流”（李白《黄鹤楼送孟浩然之广陵》），“姑苏城外寒山寺，夜半钟声到客船”（张继《枫桥夜泊》），这些都是描述当时人们坐船出行的句子。

在清代初年，婺源（今属江西）一位叫詹元相的读书人曾经多次坐船往返婺源与杭州之间，他在往来途中不忘写日记，比如康熙三十八年（1699）十月十二日，他在日记中说“雇船至杭，三人包一仓，共付银六钱”，他和其他两人一起赶到杭州，一共需要银钱六钱。到了这年十二月二十日，他在日记中写，从南京返回婺源，这一次没有坐船，而是走的陆路，乘坐轿子，花了白银 3 两 2 钱。

[明] 陈洪绶绘《远浦归帆图》中的客船

我们来计算一下，在当时，1 两 =10 钱≈1000 文。从婺源到杭州水路距离约 350 千米 =700 里地，费用 6 钱，每 100 里地大约不到 1 钱≈100 文。南京到婺源陆路约 500 千米 =1000 里地，费用 3 两 2 钱，每 100 里地 3.2 钱。算下来，陆路是坐船的 3 倍多。因为走陆路比水路贵，而且水路比较平稳，甚至可以在船上吃饭、睡觉，这是陆路所不能比的，所以在当时，只要能走水路，一般人都不会选择走陆路。

正因为此，明清时期，像贵州、湖南这样南方省份的人，如果前往京城，常常并不是沿着陆路经过武汉向北，而是会沿着长江东下，到南京之后，再沿着京杭大运河北上，以便于利用水路。

[北宋] 张择端绘《清明上河图》中的船与船上的生活

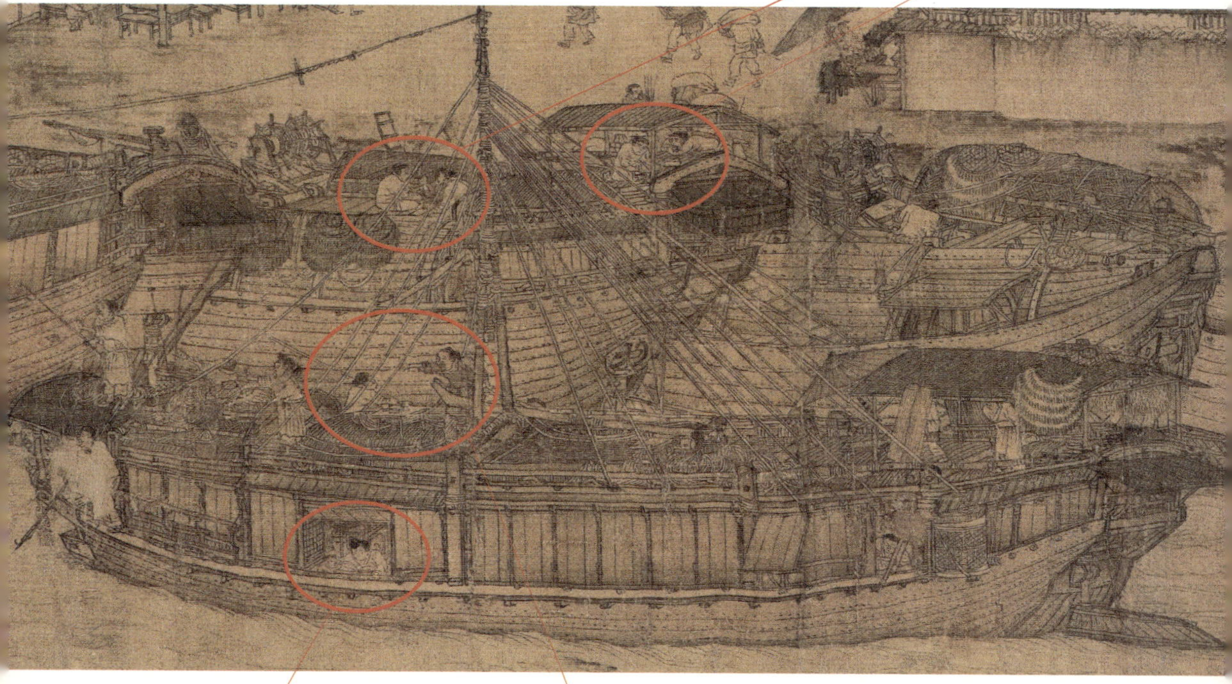

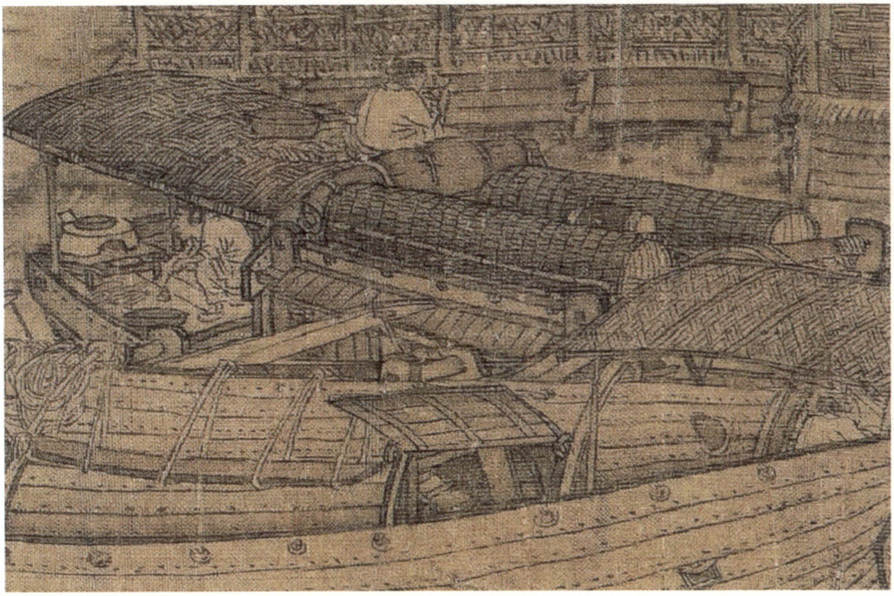

[北宋] 张择端绘《清明上河图》中船上的人在做饭

遍布各地的河流、运河作为出行的线路，成为中国文明的载体。不过，人类生活的地方，不是处处都有河流，或者即使有河流，也往往因为种种原因不适合行船，所以，陆路还是常用的交通方式之一。

在陆地上，除了步行之外，马是最重要的交通工具。韩愈在《马说》中提到说："千里马常有，而伯乐不常有。"千里马是指一天能跑大约 500 千米的马。这当然是一种夸张的说法，实际上，古代的马一般每个小时能跑几十里地，大概相当于今天城区内一般道路车辆的速度，不过马没有耐力，跑不了多久可能便没有力气了，极少有能连续跑 1000 里地的马。

遇到军情紧急的情况，朝廷需要将情报尽快从一地运往另一地，就需要不同的马进行接力。在联通全国的道路上，每隔几十里地便有一处驿站，驿站内养着马匹，遇到紧急情况，一匹马到驿站后休息，换另一匹马继续前进。这样，一匹马一个小时跑 50 里地，跑一个小时便停下来，换马后继续，最紧急的情况下，一天可以跑上千里地。

唐代杜牧在《过华清宫》中说："一骑红尘妃子笑，无人知是荔枝来。"从岭南将荔枝运往长安（西安），有 3000 里地，如果按照最快的速度，也需要三四天时间，新鲜的荔枝是可以保存三四天的。当然，这也消耗了驿站资源。

日行千里属于特别的紧急情况，古代朝廷文件分为"六百里加急""八百里加急"等不同的等级，指一天内要运输的距离，但其实大部分文件都不需要这么紧急。

具体来说，我国从大陆南段的广州到北京的距离有 4000 多里地，运送一份文件，最快也要几天时间；从甘肃的嘉峪关到北京差不多也是这样的距离。

对于普通的商人、官员来说，骑马出行并不是很好的选择。马虽然跑得快，但是这样骑马的人会比较累，因此不太适合出远门，并且一般人也并不需要这么快的速度，所以对比之下，通常是选择坐马车。坐在车上至少比骑在马上更舒服一些，这样长途出行就可以不那么辛苦了。

如果不追求速度，也可以选择坐牛车。牛车比马车好的地方在于牛车更加宽敞，坐着更舒服。相比之下，马车速度更快，而牛车载重量更大，所以牛车常常用来运输货物，一辆牛车可以拉一两千斤（即 500 ~ 1000 千克）的货物，如果依靠人力，只能拉三四百斤（即 150 ~ 200 千克），也十分辛苦。所以牛车在古代是重要的载重工具，古诗词也有不少提及的。

商山早行

[唐] 温庭筠

晨起动征铎，客行悲故乡。
鸡声茅店月，人迹板桥霜。
槲叶落山路，枳花明驿墙。
因思杜陵梦，凫雁满回塘。

[北宋] 燕文贵绘《秋山行旅图》（局部）

▲［南宋］佚名绘《云关雪栈图》中的简易客栈

古代的驿站遍布全国各地，朝廷以此与各地取得联系，在战争时想要快速获取军事情报，都是通过驿站。而南来北往的游子旅人，也都是在驿站歇脚。温庭筠听着清晨时分便被敲响的驿站车马的铃铛，踩着清晨的露水踏上旅途，心中却还惦念着故乡。

实际上，驿站相当于国家经营的旅馆，不只是传送情报文件，一般官员

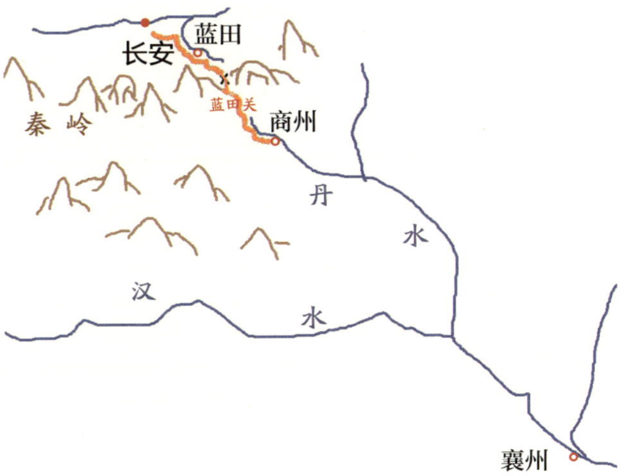

商山位置示意图

因公往来各地，十分依赖驿站，在个别时候，普通老百姓如愿意付费，也允许使用。白居易年轻时曾经到今天的河北出差，冬至时住在邯郸的驿站里，写下一首《邯郸冬至夜思家》：

邯郸驿里逢冬至，抱膝灯前影伴身。
想得家中夜深坐，还应说着远行人。

除夕之夜，高适没办法回家，在旅馆中写了《除夜作》：

旅馆寒灯独不眠，客心何事转凄然？
故乡今夜思千里，霜鬓明朝又一年。

晚年的温庭筠曾经从当时的长安到襄阳做官。他行走的路线是，从长安向东南经过蓝田关翻越秦岭，然后顺着汉江北部支流丹水到商州一带，到了这里就可以从陆路进入水路，坐船一路顺流南下，旅途就不会那么艰辛了。这条路大致为今天 G70 福银高速公路经过的线路。在翻越秦岭后，经过商州时，温庭筠住在其中一处驿站中，写下了这首《商山早行》。

黎明起床，车马的铃铎已叮当作响；遥遥征途，思念故乡。此时的鸡声嘹亮，茅草店沐浴着晓月的余晖；桥上铺满了白霜，能看到已经出发之人的足迹。枯败的槲叶，落满了荒山的野路；淡白的枳花，鲜艳地开放在驿站的泥墙边。回想昨夜梦见故乡杜陵的美好情景，一群群鸭雁，正嬉戏在岸边的湖塘里。

在唐代，国家经营的驿站遍布各地。《唐六典》中说，唐代驿站“天下凡一千六百三十有九所，二百六十所水驿，一千二百九十七所陆驿，八十六所水陆相兼”。

唐代柳宗元曾经写过一篇《馆驿使壁记》，描述当时以都城长安为中心的驿站体系：

自万年至于渭南，其驿六，其蔽曰华州，其关曰潼关。（正东方向）

自华而北界于栎阳，其驿六，其蔽曰同州，其关曰蒲津。（东北方向）

自灞而南至于蓝田，其驿六，其蔽曰商州，其关口武关。（东南方向）

自长安至于好盩厔（zhōu zhì），其驿十有一，其蔽曰洋州，其关曰华阳。（正西，然后转入西南方向）

自武功而西至于好畤（zhì），其驿三，其蔽曰凤翔府，其关曰

▲ 以长安为中心的驿站体系示意图

陇关。（正西方向）

自渭而北至于华原，其驿九，其蔽曰坊州。（正北方向）

自咸阳而西至于奉天，其驿六，其蔽曰邠州。（西北方向）

由四海之内，总而合之，以至于关；由关之内，束而会之，以至于王都。

早在先秦时期，《周礼》就曾经做出一个设想：“凡国野之道，十里有庐，庐有饮食；三十里有宿，宿有路室，路室有委；五十里有市，市有候馆，候馆有积。”在国家的道路系统中，每 10 里地设置一个能提供饮食的“庐”，相当于现在的小饭馆。每 30 里地设置一个能提供住宿的地方，设置有“室”可供休息，相当于现在的农家院；储存有“委”，提供基本生活物资，相当于现在的小卖部。每 50 里地，便设置正式的“馆”，相当于现在的宾馆，可供补充物资，相当于现在的大超市。

在早期，“馆”一般被认为是国家开办的、规模比较大的旅馆，有的“馆”只招待国家人员。《左传》中，郑国的子产出使晋国，他曾经表示，之前住宿的场所“宾至如归，无宁灾患；不畏寇盗，而亦不患燥湿”。“宾至如归”一词便是这样来的。

《孟子》中提及“置邮而传命”。到了秦汉之际，我国建立起了国家邮政体系，称为“传舍”，提供车马称“传”，提供住宿称“舍”，后来也称为“驿亭”“传置”。在三国之后，我国社会生产秩序逐渐恢复，人口大量增加，朝廷在驿道兴建了大批“亭传”“传舍”，并委派亭长管理亭传，舍长管理传舍。

唐宋时期，驿站变得十分完善。在宋代，每六七里就有一驿，每20里就有一递。《夷坚支志》载：“每二十里置流星马铺，传递文书，七八十里间则置驿舍，以为兵帅往来顿宿处，士大夫过之者，亦寓托焉。”宋代以后，国家的驿站变得十分重要，明代的人认为：“驿递天下之血脉也，血脉不容一日稍郁，邮传之设不可废也。”（胡缵宗《愿学编》）

明清时期，一般的驿馆有厅堂、厢房、耳房、仓库、马房、厨房等，外边有大门，内部甚至还建有供奉马神、牛神的神龛。比如山东东平府恩县太平驿，堂上有匾“宾至如归”，后堂名为“重华馆”，中间有正堂三间，东西两侧为耳房两间，耳房东西两侧有仓库各五间，后堂也有五间房，院子两侧有厢房三间，厨房五间，马房三十间。这是当时一般县级驿站的建筑规模。

不过，在明清时期也有一些驿站变得荒废。徐霞客曾经到过广西，他看到那里的驿站“土颓茅落，不蔽风日，食无案，卧无榻”“宅无垣墙，廨亦瓃圮。铺司狞甚，竟不承应，无夫无供”。

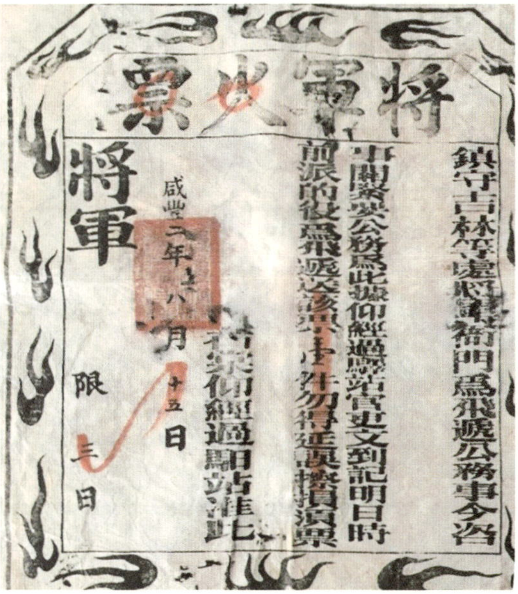

古代的火票

在古代，使用驿站的人需要持有专门的证明。隋唐时期，政府为使用驿站的人开具“驿券”，《青箱杂记》中说：“唐以前馆驿并给传往来，开元中，务从简便，方给驿券，自此始也。”《隋书》中说：“客今无公验者，坐及刺史、县令。”宋代称为“过所”。元代使用的驿站凭证有两种，一是由中书省向传送军情的人员发放的证件，形状为圆牌，上有金银字，也称为“海青牌”；二是“铺马劄子”“给驿玺书”，是一种给驿证明。

明清时期的证件也分两种，一种为兵部发放的传送军事信息的人员携带的证件；一种为“勘合”或“火票”。有时候，政府也为边远地区进京赶考的举人发放“火票”，以便考生们充分利用驿站赶赴京城参加考试。

清明

[唐] 杜牧

清明时节雨纷纷，
路上行人欲断魂。
借问酒家何处有？
牧童遥指杏花村。

在清明时节，有人询问路边的孩子：“哪里有酒店？”旅店、酒店是现今古装影视剧中出现频次最多的生活场地之一，也是古代诗词中经常出现的地方。因为国家驿站不对私人开放，所以在承平时期，民间开办的旅馆越来越发达。

在王维的《送元二使安西》中，有人在渭城外的客舍中送别友人，“渭城朝雨浥轻尘，客舍青青柳色新。劝君更尽一杯酒，西出阳关无故人”。

在先秦时期，一些文献将旅馆称为“逆旅”“客舍”“旅舍”“店”等。

“晋阳处父过宁，舍于逆旅。”（《晋书 · 潘岳传》）

“阳子之宋，宿于逆旅。”（《庄子》）

“商君亡至关下，欲宿客舍。”（《史记 · 商君列传》）

“使人微随张仪，与同宿舍，稍稍近就之。”（《史记 · 张仪列传》）

到了西晋末年，以当时的都城洛阳为中心，形成了联络各地的道路网，旅馆也遍布在这些道路附近，文献记载：“公私满路，近畿辐辏，客舍亦稠，冬有温庐，夏有凉荫，刍秣成行，器用取给，疲牛必投，乘凉近进，发槁写鞍，皆有所聒。”（《上客舍议》，出自《晋书》）

到了唐代的开元盛世，经济逐渐发展，杜佑《通典》中说：“东至宋、汴，西至岐州，夹路列店肆待客，酒馔丰溢。每店皆有驴赁客乘，倏忽数十里，谓之驿驴……南诣荆、襄，北至太原、范阳，西至蜀川、凉府，皆有店肆，以供商旅，远适数千里，不持寸刃。”

在宋代，民间的旅馆或者酒店分为“正店”和“脚店”，正店是可以自行酿酒售卖的旅馆，规模比较大；脚店没有酿酒资质，而是从正店批发酒来售卖，规模一般比较小。宋代都城东京（今开封）有 72 家正店，有的正店前有楼后有台；有的正店有三层楼高，甚至有几栋楼，楼与楼之间有连廊相通；有的正店进到大门后，“南北天井两廊皆小阁子”，类似今天酒店内的雅间，使酒客饮酒互不干扰；还有些正店具有园林宅院风格，这从它们的名称上可以看出，如中山园子正店、蛮王园子正店、朱宅园子正店、邵宅园子正店等。

一些旅馆很小，小到没有饭菜，只提供住宿。宋代仅供住宿的叫邸店。在《清明上河图》里有一家招牌叫“久住王员外家”。“久住”是旅店常用语，大约是老字号的意思。如果客人想要在店里吃饭，那么店家便出门到附近的

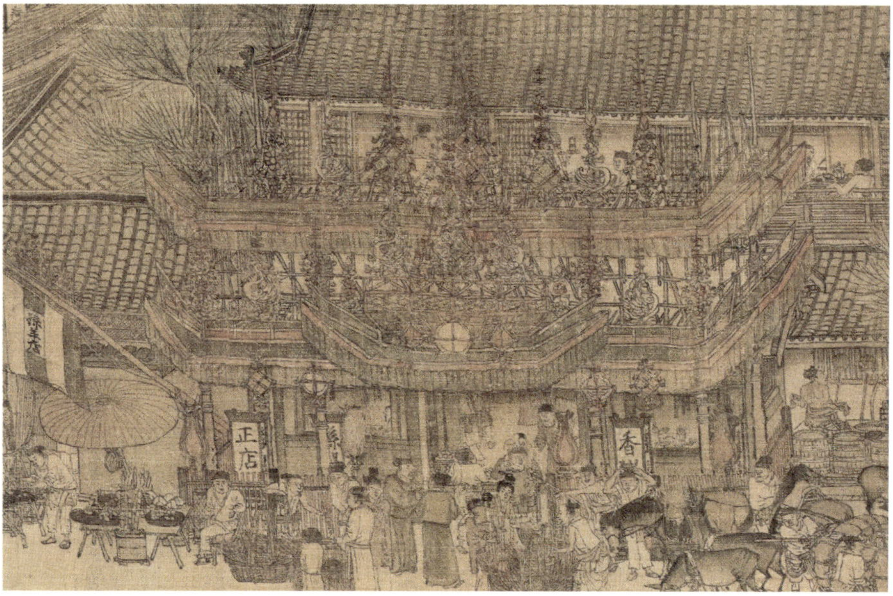

[北宋] 张择端绘《清明上河图》中的正店

[北宋] 张择端绘《清明上河图》中的脚店

▲［北宋］张择端绘《清明上河图》中的老字号“久住王员外家”

饭店买回来。清末《京华百二竹枝词》云：“客店别名在教场，三元房屋甚排场。往来满汉官商外，长往南京玉器行。”

在早期，人们称呼旅馆老板为“店娃”。《太平广记》中说：“唐汴州西有板桥店。店娃三娘子者……有舍数间，……故远近行旅多归之。”在古代，大部分旅馆都是规模很小的夫妻店，只有一两个人经营。来到旅馆住宿、吃饭的人称呼老板为“大哥”，称呼为老板帮忙的人为“二哥”，后来，人们便把所有在饭店跑堂的人都称为“店小二”了。

宋代以后，往来参加科举考试的考生成为旅店的重要顾客，于是一批主要为读书人参加考试时提供住宿的旅馆取名为“状元店”“连升店”“高升店”“三元店”（连中三元），以图吉利；也有旅店取名为“亿魁店”“广源客”“万隆店”，以接待南北商客为主；接待一般旅行者的则冠名“悦来”“吉顺”“福星”等吉利店号。这一做法一直延续到明清。

明清时期，旅馆作为专门的行业，已经十分发达。在《水浒传》中有多种多样的酒店，其中最出名的是打虎英雄武松在路过景阳冈之前光顾过的“三碗不过冈”。《水浒传》中说：“当日晌午时分，走得肚中饥渴，望见前面有一个酒店，挑着一面招旗在门前，上头写着五个字道：‘三碗不过冈’。”武松在这处酒店喝酒、吃肉之后，老板想要留他住宿，可见这是一处可以吃饭、住宿的旅店。

明代的张岱写过一篇《泰安州客店》（收录在《陶庵梦忆》中），描写泰安的客店：

> 客店至泰安州，不复敢以客店目之。余进香泰山，未至店里许，见驴马槽房二三十间，再近，有戏子寓二十余处，再近，则密户曲房……余谓是一州之事，不知其为一店之事也。
>
> ……
>
> 计其店中，演戏者二十余处，弹唱者不胜计。庖厨炊灶亦二十余所，奔走服役者一二百人。下山后，荤酒狎妓惟所欲，此皆一日事也。
>
> 若上山落山，客日日至，而新旧客房不相袭，荤素庖厨不相混，迎送厮役不相兼，是则不可测识之矣。泰安一州，与此店比者五六所，又更奇。

从张岱的描述中可以看到，在明代的泰安，有五六家规模很大的旅馆。旅馆外设有大规模的驴马间，相当于现在的停车场；旅店外还有专门的娱乐场地。旅店内的工作人员多达一二百人。

明清时期，北方的民间小旅馆多是四合院建筑，门口还设有拴马桩。处于乡镇或偏僻地区的小旅馆，一般是北房五至九间，房内全是大通铺，有砖土砌成的炊灶，既可饮食，又可取暖。两厢为马厩，侧座是接待和服务用房，有的在跨院还设有标准较高的客房。

规模较大的旅馆则集中在繁华城镇和名山胜景附近，多是几进几出的传统院落，设有客房、槽房、伙房、客院、厩厕等。清代小说《侠女奇缘》第四回中提到一处坐落在镇市中心的"悦来老店"。该店有十几间门面，正中店门大开，左是柜房，右是厨灶，门前安着饮水马槽。店门以内，左右两边都是马棚、更房，正北一带腰厅，中间是一个穿堂大门，门里一座照壁，对着照壁，正中一带正房，东西两路配房，尽南头对面还有两个单间。

江南地区的旅馆往往底层或前面为店（饭店、酒店、货栈等），楼上或后进部分为客房。四川的客店往往与茶馆结合，围绕小天井布置。例如清代

▲［南宋］赵黻绘《江山万里图》（局部）中的古代旅客

四川灌县的瑞生店，其临街为营业茶座，上部阁楼贮存桌椅杂物，两个天井之间为旅客休息厅，其余为客房，这些都具有浓厚的地方色彩。

1342 年来中国游历的摩洛哥人伊本·拔图塔在《伊本·拔图塔游记》中写道："回回商人至中国各地贸易者，可随意择一定居处之回回商家或客栈，以为栖宿之地。"

明清时期，各地旅馆遍布，朝廷也开始对旅馆住宿做出了一些规定。明代冯梦龙《醒世恒言》"小水湾天狐贻书"中提到酒店招待客人的场景和"不下单客"的规矩：

> 刚到晚，城门就闭。王臣抵城下时，已是黄昏时候，见城门已扃，即投旅店安歇。到店门口，下马入来。主人家见他悬弓佩剑，军官打扮，不敢怠慢，上前相迎道："长官请坐。"便令小二点杯茶儿递上。王福将行李卸下，驮进店中。王臣道："主人家，有稳便房儿，开一间与我。"答道："舍下客房尽多，长官只拣中意的住便了。"即点个灯火，引王臣往各房看过，择了一间洁净所在，将行李放下，把牲口牵入后边喂料。
>
> 收拾停当，小二进来问道："告长官，可吃酒么？"王臣道："有好酒打两角，牛肉切一盘。伴当们照依如此。"小二答应出去。王臣把房门带转，也走到外边，小二捧着酒肉问道："长官，酒还送到房里去饮，或就在此间？"王臣道："就在此罢。"小二将酒摆在一副座头上，王臣坐下，王福在旁斟酒。

当王臣与客家攀谈时：

[南宋] 马远绘《晓雪山行图》

忽听得背后有人叫道："主人家，有空房宿歇么？"主人家答道："房头还有，不知客官有几位安歇？"答道："只有我一人。"主人家见是单身，又无包裹，乃道："若止你一人，不敢相留。"那人怒道："难道赖了你的房钱，不肯留我？"主人家道："客官，不是这般说，只因郭令公留守京师，颁榜远近旅店，不容许留面生歹人，如隐匿藏留者，查出重治……今客官又无包裹，又不相认，故不好留得。"

在小说的世界、武侠的生活中，浪迹天涯是一种理想。客栈遍地，人们随遇而安，在这里切磋武功、闯荡天涯，成为中国文化的重要组成部分。

第五章

军事地理

（上）

易水送别

［唐］骆宾王

此地别燕丹，
壮士发冲冠。
昔时人已没，
今日水犹寒。

唐高宗调露元年（679），骆宾王将赶赴今北京一带，他创作了这首《易水送别》，通过怀念很多年前在此地分别的荆轲与燕太子丹，表达自己对荆轲的深厚敬意。

公元前229年，一直想要统一全国的秦国已经占领了赵国，兵临易水（流经现在河北省中部），正计划进攻易水北部的燕国。

秦国位于当时的西部，燕国位于最北部，距离秦国很远，秦国没有燕国的地图，对这一地区的地理不清楚，不敢贸然进攻。

公元前227年，燕国的太子找到了一位刺客，名叫荆轲，他们商量出一个冒险的办法，由荆轲冒充使者，接近秦始皇之后，将其刺杀，以拯救燕国。可是如何才能使秦始皇相信呢？他们的办法是：将燕国的地图交给荆轲，声称“愿举国为内臣”，也就是投降，匕首便藏在地图中。

在那时候，地图是一个国家最重要的机密，把本国的地图交给敌方，这就表示向对方投降了。可惜，荆轲没有取得成功，失掉了性命，秦国白白获得了地图，摸清了燕国的地理形势，这直接导致了燕国很快灭亡。

两千多年前，古人留下了地图绘制方法的理论作品。比如在《管子》这部书中，有专门的《地图篇》，其中说：

凡主兵者，必先审知地图。轘辕（huán yuán）之险，滥车之水，名山、通谷、经川、陵陆、丘阜之所在，苴草、林木、蒲苇之所茂，道里之远近，城郭之大小，名邑、废邑、困殖之地必尽知之，地形之出入相错者尽藏之，然后可以行军袭邑。

凡是指挥军队，先要理解地图，以下的地理要素最为重要：曲折的险路，能淹没车辆的河流，还有名山、能作为交通线路的山谷，大的河流、高原、丘陵，以及草地、林地、沼泽地的分布，道路的远近，城池的大小，一地的名城，废弃的城池，耕地的情况，不同地形区域的关系等。了解了这些，然后才能行军打仗，否则，带兵到了陌生的环境下，必然会被熟悉地理环境的本地人袭击。

在三国时期，刘备想占领益州，也就是现在的四川盆地，在出发之前，他请来了熟悉益州地理形势的张松。张松为刘备“画地图山川处所，由是尽知益州之虚实”，正因为此，刘备进攻益州的过程才十分顺利。

▲ 清代建德县地图

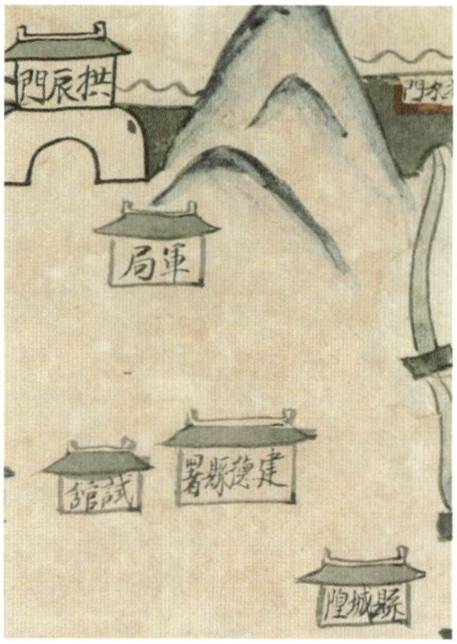

▲ 清代建德县地图（局部）

再后来，西晋想要统一全国，还特地设立了一个机构，专门负责搜集整理吴、蜀两国的地图，他们绘制出的地图十分精确。据当时地理学家裴秀《禹贡地域图》序言的记载，将士们根据地图征战吴、蜀两地，“六军所经，地域远近，山川险易，征路迂直，校验图记，罔或有差”。（裴秀所作的《禹贡地域图·序》保存在《晋书·裴秀传》中。《晋书》是人们常说的二十四史之一。）

裴秀是当时著名的地图学家，据后来《北堂书钞》记载，他曾经绘制出了一幅“天下大图”，也就是中国全图，这幅图面积巨大，用了八十匹布料。因为这幅图实在太大了，使用不方便，裴秀还专门制作了一个缩微版的中国地图，“以一分为十里，一寸为百里，备载名山都邑，王者可不下堂而知四方也”。推算一下，这幅地图的比例尺大概为 1∶150 万，是一幅可以挂在墙上的地图了。

随着时间的推移，中国人绘制地图的技术越来越成熟。唐朝规定，绘制地图是各地管理者的重要责任，而且每 3 ～ 5 年就要绘制一次，统一交给朝廷保管。

到了明清时期，地图绘制变得更加成熟。清代的一本笔记著作《广阳杂记》中曾提道：

> 壬申春日，于苑司马署中，与虞臣卧地看《楚地全图》。图纵横皆丈余，不可张挂，而细如毫发。余既短视，立则茫无所见，遂铺图于地，而身卧其上，俯而视之，楚地全域，见其梗概矣。命虞臣执笔于侧，书身所经历诸水道，所恨者无界画则里至不能详尽耳。

这是当时的地理学家刘献廷留下的一则故事。从刘献廷的描述中可以看到，当时的地图绘制水平已经很高。这幅《楚地全图》纵横各有几米宽，因

▲ 明代《坤舆万国全图》（局部）

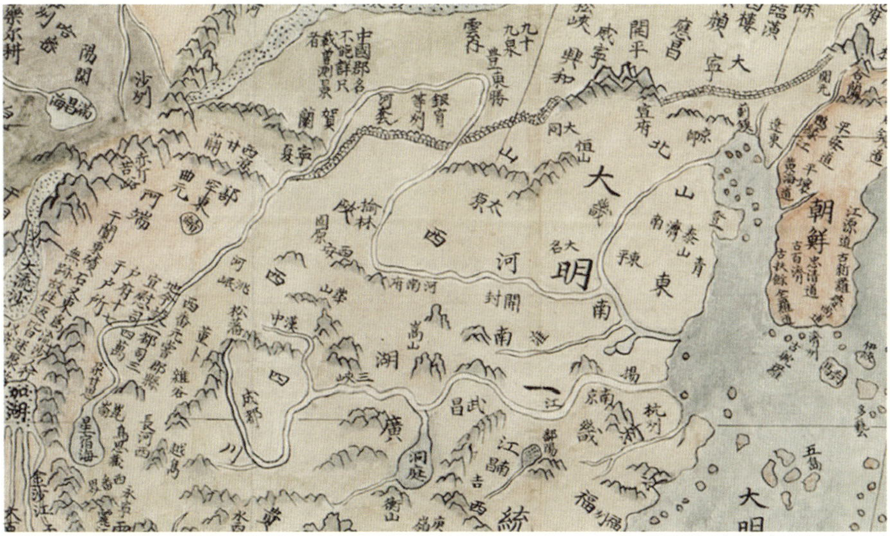

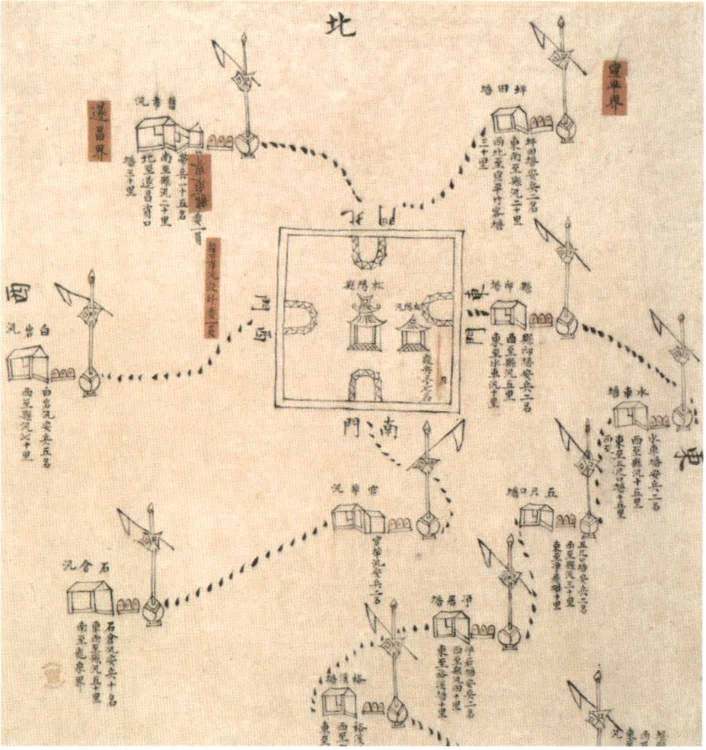

▲ 清代的城市地图

为太大，无法挂在墙上，只好铺在地上。地图上绘制的内容无比丰富，像是人的头发一样，以至于阅读的人只能趴在地图上仔细看。地图是一种平面化呈现信息的载体，可以反映位置关系，文字很难准确完整地描述地图中的信息，所以刘献廷想要拿笔记下所看到的信息，却苦于地图上的内容太多，无法一一记下。

古人常说“左图右史”，有了地图参考，才能更具体地阅读历史。阅读重大历史事件中的排兵布阵、边关防务布置，以及军队的往返调动、人员安排等活动时，依靠地图，才能避免像睁眼瞎一样茫然无措看不懂。

谈笑间樯橹灰飞烟灭：地图上的赤壁之战

赤壁

[唐] 杜牧

折戟沉沙铁未销，
自将磨洗认前朝。
东风不与周郎便，
铜雀春深锁二乔。

诗人在赤壁的泥沙中，发现了一截尚未锈尽的断戟，磨洗后发现这是当年赤壁之战的遗留之物。感叹若是没有那顺势的东风，赤壁之战的赢家是谁就未可知了。

苏轼《赤壁赋》中说：“西望夏口，东望武昌，山川相缪（liáo），郁乎苍苍……方其破荆州，下江陵，顺流而东也，舳舻（zhú lú）千里，旌旗蔽空，酾（shī）酒临江，横槊（shuò）赋诗，固一世之雄也。”

夏口、武昌、荆州、江陵，这些在历史上经常出现的地名到底在哪儿，相互之间的位置是怎样的呢？

苏轼描绘的是三国时期赤壁之战时的情况。在三国时期，我国的政区划分总体上为州、郡、县三级，州为

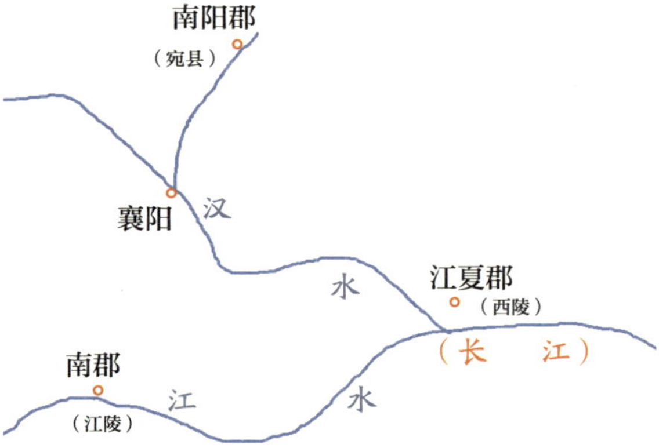

荆州北部各郡位置示意图

一级行政区，大致相当于今天的省，郡相当于现在的地市。当时，全国共分为十几个州，比如后来刘备占据的四川为益州，孙权所在的江东为扬州，孙刘两方之间为荆州。在三国时期，荆州位于魏蜀吴三国交界地带，是三国争夺的焦点。

荆州的范围很大，大致包含了今天的湖南、湖北大部分和周边省市的一部分。最初，荆州由刘表占据，汉代末年的荆州共分为七个郡，长江沿岸及北岸有三个郡：

(1) 北部的南阳郡：大致在今天河南南阳，南阳郡的边界离曹操所在的许昌距离很近。曹操与刘表即以南阳郡北部为界。南阳郡政府所在地为宛县。刘备驻扎在南阳的新野县，帮助刘表防守北部边界。南阳郡是整个荆州人口最多的郡。

(2) 长江上的南郡：在今天湖北省荆州市附近，这是东汉末年时的荆州政治中心；进一步说，南郡作为一个郡级单位，其驻地是江陵县，所以江陵县也是南郡的政治中心，南郡是荆州的政治中心，这里也是控制整个荆州的上游之地。

在南郡和南阳郡之间为襄阳，刘表控制荆州之后，曾经将这里作为州城所在地，也就是说，刘表大部分时候都是在这里处理荆州政务，不过南郡的江陵也是荆州重要的政治中心。

（3）南郡下游的江夏郡：大致在今天武汉的北侧。当时的江汉平原地势低洼，沼泽遍布。其中夏口是江夏郡的一处地名，在现在武汉市区，汉江和长江的交汇处，是江夏郡的战略要地，但并不是江夏郡的政治中心。

在长江南岸有（4）武陵、（5）长沙、（6）零陵、（7）桂阳四郡，这四个郡在赤壁之战中涉及不多，不再单独介绍。

建安十三年（208）夏季，曹操开始进行针对刘表的战争。在赤壁之战之前，曹操率军先进占南阳郡。到了八月份，曹操占领南郡北部的门户叶县；九月，兵临南阳郡政治中心宛城，离刘备驻扎的新野县只有几十里地。

新野县位于几条河的交汇处，在宛城的下游，从宛城到新野，顺流而下，很快就能到。新野的东侧是桐柏山脉，西侧是秦岭。这里位于山脉西侧，地势

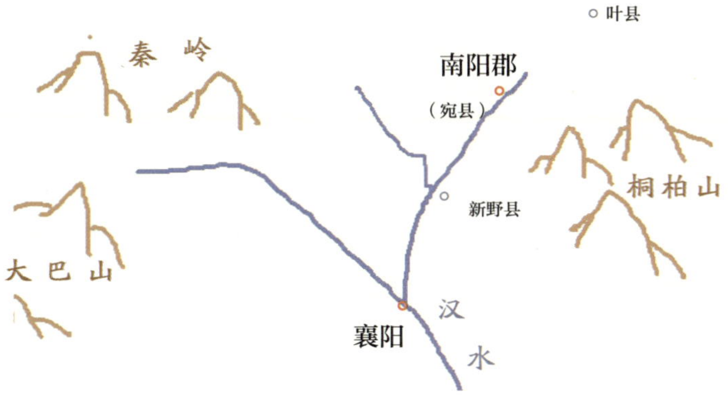

新野位置示意图

较低，向北是南阳，向南是襄阳，自古以来被称为“南襄通道”，也是今天南水北调大致经过的方向。所以，新野是一处进可攻、退可守的战略过渡地带。

在曹操大军进入南阳郡时，刘表突然去世了，他的次子刘琮在荆州政治中心南郡成为继任者。在曹操使者的劝说下，刘琮直接投降了曹操；刘表的长子刘琦在江夏做太守，也有一部分兵力。

刘琮派人从南郡到南阳郡给曹操的军队送交投降文书，在路过新野县时，顺便将这一消息通知了驻防在这里的刘备。这时，曹操已经占领宛城，这使刘备感到措手不及，他不同意投降，于是马上率军沿河向南撤退到今天襄樊北部一带，以免被曹操主力包围。

在那时，襄樊分为襄阳和樊城两部分，襄阳属于南郡，樊城属于南阳郡，两城被汉江隔开。由此沿着汉江向东南顺流而下，与长江交汇处便是江夏郡，而向西南不远则是南郡政治中心，这是控制荆州的要地。

诸葛亮生活的隆中就在襄阳附近，在当时属于南阳郡，所以诸葛亮在《出师表》中说：“臣本布衣，躬耕于南阳。”后来，随着行政区划的变动，今天的南阳变成河南省的地级市，而襄阳与河对岸的樊城合在一起，成为湖北省的地级市。由于旅游业的发展，南阳与襄樊还曾对隆中到底属于哪儿展开过争论，诸葛亮明明说自己躬耕的地方为“南阳”，不过在诸葛亮那个时代，南阳为郡，而襄阳为县，南阳所属的地区很广泛，这就好比一个人说“我在湖北工作”一样，后来随着行政区划的变动，隆中才划归襄樊地界。在诸葛亮生活的时期，刘备曾经从新野出发，几次到隆中拜访诸葛亮，两地相距一百多里地。刘备的几次远道来访，终于打动了诸葛亮，获得了他的帮助，也正是在这里，诸葛亮提出了著名的《隆中对》。

赤壁位置示意图

眼看曹操大军即将前来，刘备手里的军队很少，只能继续向南撤退。这时，曹操从刘琮的投降文书中获知，在南郡城里，也就是江陵，有大量军需物资，为了避免这些物资被刘备获取，曹操率领前锋部队，丢下辎重，迅速前进，追赶刘备，并在南郡的当阳县（现在荆门市南部）追上了刘备，这里位于江陵正北一百里地左右。双方交战，刘备大败，他只好放弃向南去南郡的计划，而改道向东，进入江夏郡地界，沿着汉江顺流而下，到江夏郡与刘琦汇合。

随后，曹操大军占领荆州政治中心南郡，获得了南郡（江陵）的军需物资以及这里的军队，由此声势得以壮大，于是他率领大军，准备顺长江而下，攻占位于南郡下游的江夏郡，进而威胁处在长江下游的孙权。

孙权在周瑜、鲁肃的劝说下，组织了军队，从长江下游逆江而上，到江夏郡夏口（今武汉附近）与刘备、刘琦的军队汇合，组成孙刘联军，沿长江继续西进。也就是说，曹操大军是从现在的荆州市沿长江顺流而下，经过洞庭湖口，然后向武汉附近进军；孙刘联军则是从武汉附近逆流而上，阻挡曹操军队。双方在赤壁相遇，这里位于江夏郡和南郡的交界地带。随后，孙刘

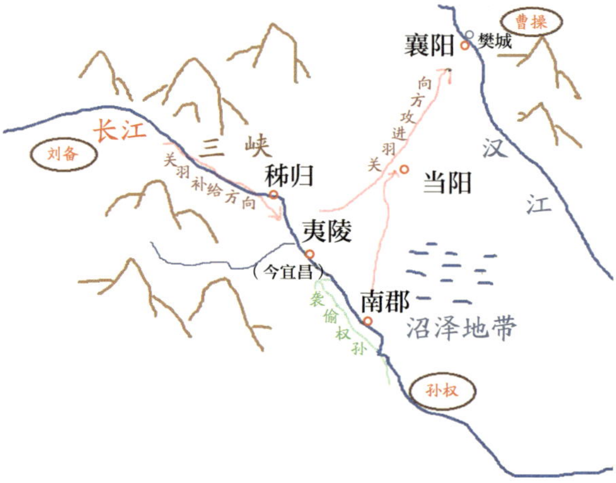

▲ 樊城、夷陵等地位置示意图

联军用火攻战胜了曹操大军。

赤壁之战后，曹操兵分两路撤退，一路沿着长江，原路逆流退回南郡；一路从赤壁沿陆路向西，也就是华容道向正西方走。两条路都是退往南郡，不过陆路华容道是直线，水路是曲线，陆路在当时沼泽遍布，很难通行，而且遇到了大雨，所以在孙刘联军的追击之下损失很大。

曹操回到南郡后，派曹仁驻守，自己则回到北方，经营中原。随后周瑜率军攻打南郡，双方相持一年之后，互有损失，最后曹仁放弃了南郡，向北退回南阳郡的樊城，周瑜占领南郡，不过此时南郡北部门户襄阳仍在曹军掌握中。至此，曹操失去了荆州上游最重要的地区南郡，他最初向南进攻占据荆州的计划大部分都没有实现，中国由此进入魏蜀吴三足鼎立时期。

在赤壁之战结束后，孙、刘双方对荆州的占领区做了划分。在荆州北部，孙权一方占领了东侧下游的江夏郡，刘备一方占领了西侧上游的南郡，

[明] 张瑞图绘《后赤壁图》

曹操则一直占领荆州北部的南阳郡。

再后来，刘备一方的关羽从南郡向北进攻曹仁驻扎的樊城，由于这里是南阳郡和南郡的交界处，一旦关羽占领了樊城，就意味着打开了进入南阳郡的通道，南阳郡北界离许昌只有几十里地，而且是平原，一天就可以赶到许昌。

不过，正在关羽进攻樊城时，孙权在后方偷袭了南郡治所，并进一步占领了南郡上游的夷陵（现在的宜昌）、秭归，这里是今天三峡的东口，这意味着孙权基本上封锁了从南郡入川的道路，导致关羽的后方被完全切断，关羽最终在南郡当阳县的麦城被孙权一方擒获斩杀。之后，刘备率大军从四川盆地沿长江东出三峡，与东吴孙权一方在夷陵附近对峙，受到东吴一方火攻，刘备大败，从此蜀国范围缩回四川盆地，只控制了当时的益州，而失去了对荆州的控制，没有完成诸葛亮在《隆中对》中规划的“跨有荆、益”的战略规划。

在三国时期，夏口就是今天的武汉，今天的武昌是武汉的一个区，是一处地方，为什么苏轼说“西望夏口，东望武昌”，是东西两个方向呢？难道是苏轼弄错了吗？实际上，苏轼确实弄错了。苏轼生活的年代与三国时期相隔已经很久，有七八百年的时间了，三国时期的古战场可能已经没有什么痕迹留下来了，所以很容易弄错。

苏轼当时遇到的情况是这样的：宋神宗元丰五年（1082），苏轼在黄州（今黄冈）做官时，到附近的赤鼻矶游玩，误认为那里便是曾经的赤壁之战所在地。黄冈位于武汉（夏口）东边，鄂州西边，而今天的鄂州在宋代称为武昌。以苏轼所在的黄冈为中心，便会出现“西望夏口，东望武昌”的情况。实际上这里并不是真正的赤壁之战发生地，真正的赤壁之战发生地在武汉上游，现在就叫赤壁市，是咸宁下边的县级市。后人为了尊重苏轼，便提出了“文赤壁”“武赤壁”两个“赤壁”，把真实的赤壁战场称为“武赤壁”，把苏轼去的赤鼻矶称为“文赤壁”，成为中国历史上的一个有意为名人掩饰错误的故事。

【知识链接】

隆中对

荆州北据汉、沔，利尽南海，东连吴会，西通巴、蜀，此用武之国，而其主不能守，此殆天所以资将军，将军岂有意乎？

益州险塞，沃野千里，天府之土，高祖因之以成帝业。刘璋暗弱，张鲁在北，民殷国富而不知存恤，智能之士思得明君。

将军既帝室之胄，信义著于四海，总揽英雄，思贤如渴，若跨有荆、益，保其岩阻，西和诸戎，南抚夷越，外结好孙权，内修政理；天下有变，则命一上将将荆州之军以向宛、洛，将军身率益州之众出于秦川，百姓孰敢不箪食壶浆以迎将军者乎？诚如是，则霸业可成，汉室可兴矣。

——《三国志·诸葛亮传》

闻官军收河南河北

[唐] 杜甫

剑外忽传收蓟北，
初闻涕泪满衣裳。
却看妻子愁何在，
漫卷诗书喜欲狂。
白日放歌须纵酒，
青春作伴好还乡。
即从巴峡穿巫峡，
便下襄阳向洛阳。

赤壁之战前后，曹操进军的路线、周瑜被攻的路线，在历史上一直是南北往来的重要通道，也是北部政权自北向南、南方政权自南向北进军的通道。从这条通道的襄阳向北，经过南阳盆地，可以向北进入洛阳，向东北侧进入黄淮平原，完成逐鹿中原的战略意图。从襄阳向南，占领荆州之后，便控制了长江和汉江上游，可以顺江而下，同时可以沿长江与湖南省的洞庭湖交汇处南下湖南。从荆州沿长江逆流而上，进入三峡之后则是四川盆地，所以自古以来便是战略要道。

唐代宗（唐玄宗之孙）宝应元年（762）冬季，当时朝廷的中央军经过艰苦的战斗，终于收复洛阳、汴州（开封），控制了黄河中下游全部战略要地。这一年，叛军开始内乱，叛将史思明被杀。第二年，史思明之子也被杀，史思明的部下在范阳（今北京附近）投降。到此，持续了多年的安史之乱终于结束，中国北方再次迎来了和平。

大诗人杜甫此时正在四川，听到这个消息，他写下了《闻官军收河南河北》一诗。“剑外”是剑门关外，是四川盆地向北进入汉中通道的起点，“蓟北”是当时叛军的老巢范阳，官军收复蓟北，意味着战争终于结束了，杜甫高兴之余，泪满衣巾，随手卷起手中的书，欣喜若狂。

▲ 杜甫《闻官军收河南河北》地名示意图

此时的杜甫，最想做的事情便是纵酒高歌，回到故乡。杜甫的家乡就在襄阳，长大后，他曾在洛阳生活多年，所以他想象的回家路线，自然便是从四川盆地向东沿长江穿过三峡，然后到荆州，向北到襄阳，从襄阳向北可以进入洛阳。这条路，杜甫在心中已经走了很多次了，只是因为北方战乱，无法成行。现在安史之乱结束，杜甫终于可以回到故乡了。

遗憾的是，直到去世，杜甫也未能沿着这条路再次回到故乡。唐代宗大历三年（768），思乡心切的杜甫终于动身，他走到荆州没有下船，而是一直沿着长江来到洞庭湖口的岳阳，借此机会，登上了神往已久的岳阳楼。在此地，杜甫写下名篇《登岳阳楼》：

昔闻洞庭水，今上岳阳楼。
吴楚东南坼，乾坤日夜浮。
亲朋无一字，老病有孤舟。
戎马关山北，凭轩涕泗流。

可惜，此时的杜甫身体很差，而且为生活所迫，一直没能有机会再回故乡，直到两年后在此去世。

200 多年后，北宋仁宗庆历六年（1046），范仲淹写下《岳阳楼记》，提及“刻唐贤今人诗赋于其上”，想必也包括杜甫所写的诗歌。这一年，范仲淹在南阳一带做官，他的好友滕子京在岳阳做官，《岳阳楼记》正是范仲淹应滕子京之请所写，文中描写的“北通巫峡，南极潇湘”正是洞庭湖的地理位置，“北通巫峡”，实际上指的是西北方。

在范仲淹写下“先天下之忧而忧”之后几十年，北宋便灭亡了。此后，襄阳南北，以及向东延伸到长江中下游一带再次陷入战乱中。

南宋绍兴四年（1134）春，岳飞率领南宋精锐部队从九江溯流而上，攻占鄂州（今武汉附近）。这条进攻路线，正是三国时期周瑜率领东吴军队抵抗曹操的路线。在占领鄂州之后，岳飞沿汉江逆流而上，进攻襄阳。只用了几天时间，岳飞便占领了当时由伪齐政权控制的襄阳，之后岳飞积极经营附近各城，基本控制了南阳盆地。

随后，在绍兴六年（1136）和绍兴十年（1140），岳飞两次反攻中原，第一次主要从南阳盆地向北进攻，占领了今天属于河南洛阳一带的地区，兵临黄河南岸。第二次主要向东北出兵占领颍昌府（今许昌，即三国时曹操都城许昌附近），并从这里向北进攻郑州，向东北进攻曾经的北宋都城开封。1140 年七月，岳飞几乎要完成对开封的合围，却不断接到停止进攻、向南回师的命令。

随后，绍兴十一年（1141）四月，岳飞被调离军队，回到临安（今杭州）任职。八月，岳飞遭到弹劾，罢官闲居期间，又被诬陷“谋反”，在这一年十月入狱，十二月二十九日被赐死，时年仅 39 岁。在这一年，岳飞自知报国无门，壮志不酬，写下一首《满江红》：

怒发冲冠，凭栏处、潇潇雨歇。抬望眼、仰天长啸，壮怀激烈。三十功名尘与土，八千里路云和月。莫等闲、白了少年头，空悲切。

靖康耻，犹未雪。臣子恨，何时灭。驾长车，踏破贺兰山缺。壮志饥餐胡虏肉，笑谈渴饮匈奴血。待从头、收拾旧山河，朝天阙。

岳飞去世后几十年，金朝实力下降，在与蒙古的战争中开始处于劣势。1234 年，金朝最后一个城镇蔡州失守，最后一任皇帝自杀，金朝灭亡。此后，南宋开始进入与蒙古对峙的时期。

1235 年，蒙古 50 万大军分三路南下进攻南宋，其中中路军攻占了襄阳，南宋由此开始了与蒙古持续几十年的对抗。从岳飞占领襄阳之后，襄阳便成为南北军事重镇，此次元朝占领襄阳是从岳飞时代以来南宋第一次失去对襄阳的控制。1239 年，南宋大将孟珙重新收复了襄阳，重新取得襄阳一带战场的主动权，并对襄阳城进行了全面加固。此后十几年，蒙古军队始终无法完全攻破襄阳一带，他们甚至绕过襄阳，先占领了今天的四川盆地，然后占领了云南一带的大理国，准备从长江上游顺流而下占领荆州，可是在今天重庆一带的钓鱼城受阻。最后，蒙古只好集合重兵，在襄阳一带与南宋展开决战。

1268 年，忽必烈结束了统治内部的分裂，整顿军队，再次南下，他们从开封出发，沿着当年曹操南下的路线，兵临襄阳城下。从 1268 年到 1273 年，南宋将士面对几十万元朝大军，凭借坚固的城池和准备充足的粮草，在此苦苦坚守了六年。在这六年里，南宋反复派出援军支援，但因为实力悬殊，始终无法攻破敌军的包围，襄阳最终失守。

襄阳之战是元朝与南宋之间的最后一次重要战役，襄阳之战后仅两年多时间，南宋都城临安便失守了。

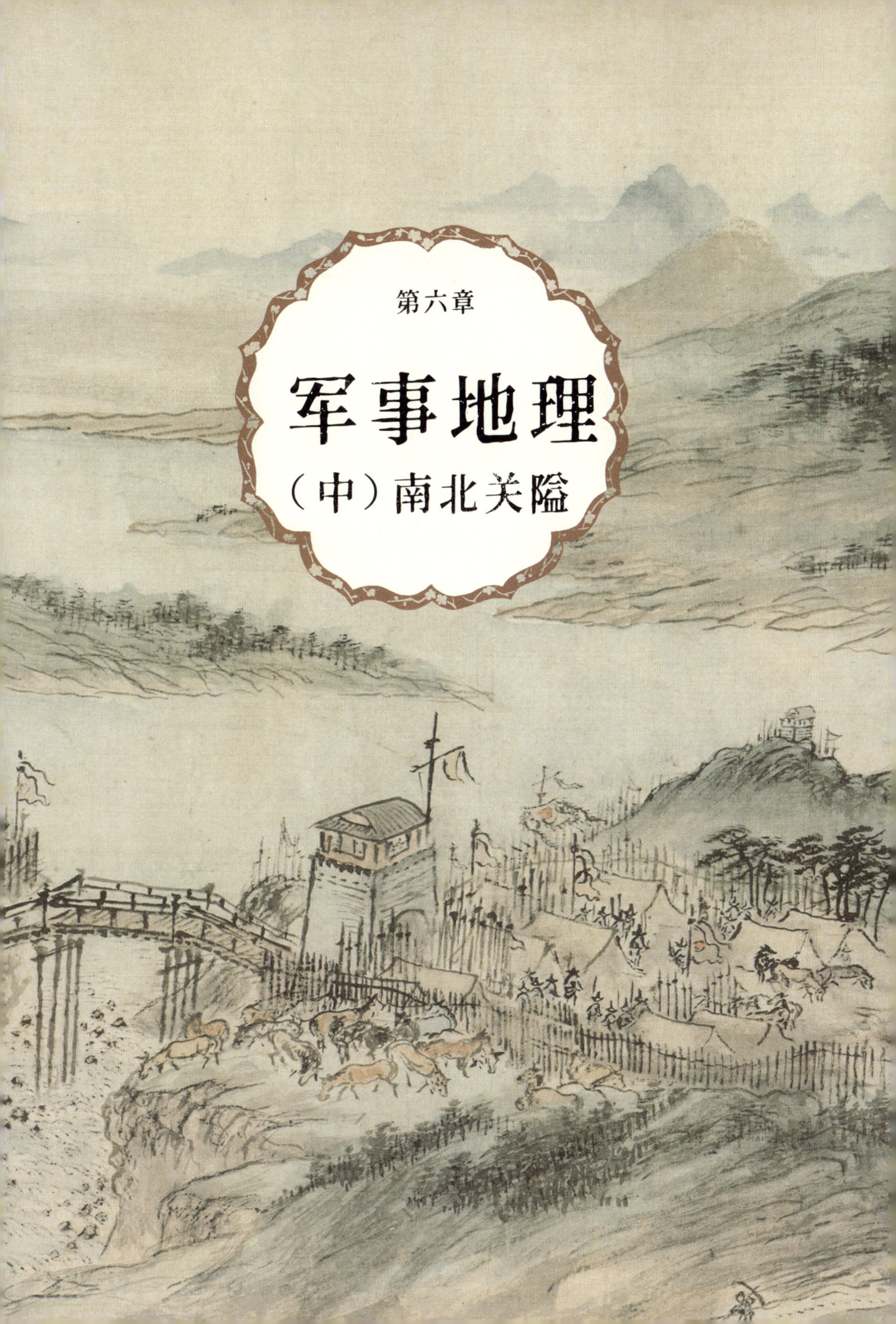

第六章

军事地理

（中）南北关隘

东来紫气满函关：潼关与函谷关

秋兴八首（之一节选）

［唐］杜甫

蓬莱宫阙对南山，
承露金茎霄汉间。
西望瑶池降王母，
东来紫气满函关。

“函关”即函谷关。汉代的贾谊在《过秦论》的开篇说：“秦孝公据崤（xiáo）函之固，拥雍州之地，君臣固守以窥周室，有席卷天下，包举宇内，囊括四海之意，并吞八荒之心。”“雍州”是今天陕西中北部及其附近地区，核心区是关中平原，“崤函”是指崤山和附近的函谷关。

关于函谷关，有一个传说：春秋时期，老子在周王室的守藏室（即现在的图书馆）工作，因周王室日益衰微，他便放弃了这份工作，到各地云游。有一天，看守函谷关的关尹子看到东面升起一道紫气，他认为应该是有一位真人即将从此路过，果然，第二天，老子来到了函谷关。关尹子想留住老子，便说如果想从这里通过，得留下一些著作，于是老子只好写了几千字的格言给关尹子，这便是今天的《道德经》，这个故事也即是杜甫诗中“东来紫气满函关”的故事。

函谷关是中国著名的关隘，在今河南与陕西之间，黄河南岸附近。黄河本是一个“几”字形，进入河南之后基本向东流，刚进入河南的这一段，北岸是巍峨的中条山脉，南岸不远处是秦岭山脉的余脉，只有黄河南岸沿着岸边可以通行，这是从中原进入关中盆地的重要通道。

不过，这条东西走向的路在走到河南省灵宝县的王垛村后，因为河岸有悬崖，无法再贴着河岸走，要沿着一条很深的山谷爬上“稠桑原”才能继续向西，这处山谷便是函谷关所在地。

在春秋战国时期，稠桑原地势很高，顶部平坦，北邻黄河，河岸边是悬崖，河流湍急，东侧也是悬崖，都无法通行，这条路到了这里便无法再走了。不过，在雨水冲刷下，稠桑原东侧出现了一处裂缝，形成了一条很窄的路，沿着这条山谷中很窄的路可以艰难地爬上稠桑原继续西行。不过，走在其中，就像是走在一个袋子中一样，所以这处山谷便被称为“函谷”。因为路窄难行，地势险要，于是人们便在这里修建了一处城池，名为函谷关。

在函谷关的东侧，还有一条弘农河，这条河在古代的水流量很大，要走进函谷关，必须先跨过这条河。而走入函谷之后，又是十分狭窄，仅容一个人通行的深谷，山谷两侧曾经长满了树木，更是让这里变得易守难攻。只要防守住这条狭窄的缝隙，便没有人能够从这里向西通行了。

正是因为有这样险要的地势，在战国时期，秦国以一国的军队抗衡六国，最终不断向东扩展，完成了统一。那时候，来自东部平原地区的军队走

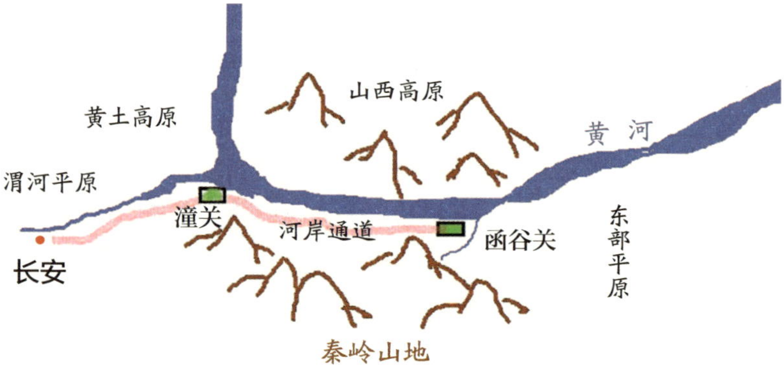

▲ 函谷关位置示意图

到函谷关，即使人再多，也只能一个个通过狭窄陡峭的山谷，笨重的铠甲、兵器携带不便，而守卫在这里的秦国军队或者以逸待劳，或者埋伏在山谷两侧，居高临下，对进攻的军队产生巨大的威胁。

后来，随着时间的推移，在雨水冲刷、水土流失之后，这处稠桑原到今天已经基本消失了。不过，消失更早的是函谷关险要的地势。在函谷关的北侧，由于黄河不断冲刷，河水逐渐下切，河床降低，悬崖底部河岸旁出现了一条河滩，随后，河滩上便有一条新的道路，于是，人们不再走难以通行的函谷关了。在三国时期，曹操命人在新的道路东侧修建了新的函谷关，于是以前的旧函谷关便失去了战略价值。

在这条新道路的西头，是潼关。潼关的位置和曾经的函谷关一样，都位于黄河岸边，北侧紧贴着黄河，是悬崖，南侧是高山。只是潼关位于河南与陕西交界的陕西一侧，在黄河拐弯处，河对岸是山西，不远处就是华山。可以说，潼关的地理位置更加险要，古人说："山势雄三辅，关门扼九州。""三辅"是指关中地区，即当时的京城和京城左右两郡。元代的张养浩在《山坡羊·潼关怀古》中说："峰峦如聚，波涛如怒，山河表里潼关路。""山河表里"是指内侧是大山，外侧是大河，地势险要，易守难攻。

在唐玄宗时期，叛乱的军队攻破了潼关城，唐玄宗便只能从长安向南跨越秦岭，逃往四川了，因为自潼关往西，便进入渭河平原，再无险要地势可以凭借了。

在历史上，潼关也遇到了和曾经的函谷关一样的问题。随着时间的推移，黄河在潼关北侧也冲刷出了一道河滩，河滩上出现了新的路，于是到了唐代，人们便在河滩上修建了新的潼关城。再后来，潼关南侧的高山附近也冲刷出了一条新的路，于是潼关分为了南北两处城池。

在今天，函谷关、潼关均有遗址留下。连霍高速（G30）在进入陕西后是从北潼关附近通过的，而国道310线在这里则是从南潼关通过的。每天都有无数人走过这两条路，在广袤的祖国大地上，历史的脚步也是今人的脚步。

登幽州台歌

[唐] 陈子昂

前不见古人，
后不见来者。
念天地之悠悠，
独怆然而涕下！

唐宋时期关于今天北京所在地的著名诗词并不多，其中最著名的是陈子昂的《登幽州台歌》，他在这里怀念古人。从陈子昂向前回溯几百年，建安十二年（207）年秋天，曹操彻底肃清北部边疆的叛乱，在从塞外返回中原的路上，特地登临碣石山，看到了广袤的大海，写下了《观沧海》这首诗："东临碣石，以观沧海。水何澹澹，山岛竦峙。……"

这首《观沧海》是曹操在途经今天秦皇岛一带的路上所写。这年春天，曹操率领大军北征乌桓（huán）。在官渡之战之后，袁绍的后代一路北逃，跨过长城，进入现在辽宁一带，与当地的游牧民族联合在一起，成为北方的重要威胁。

到了夏天，曹操大军走到了今天北京东部与天津交界附近，即将从华北平原跨过北部的燕山山脉。本来，曹操希望沿着燕山山脉的南侧，一路向东，直到海边的平地，然后再向北，也就是从今天的山海关那里出关，往辽宁方向进军。不过，不幸的是，曹操大军遇上了连绵大雨，而这条路处于海河下游，海河是典型的扇形水系，这里正好位于“扇子把”部位，也就是说，整个河北省，以及北京、天津的大部分河流就像一把扇子一样，全都汇集到了这里，导致这条路“浅不通车马，深不载舟楫”，无法继续前行。

曹操找了当地的向导，询问出了一条向北跨越燕山山脉的路。这条路从今天的北京向东，然后经过唐山的喜峰口向北，越过燕山山脉，可以进入辽宁西部。从这条路走，需要跨过很多高山，十分险要，在当时很少有大部队经过，不过越过燕山山脉之后，可以直奔位于辽宁省西部的朝阳，也就是当时乌桓的政治中心柳城，可以出其不意，攻其不备。曹操回师燕山山脉南侧，让部下在沿途写上“方今夏暑，道路不通，且俟秋冬，乃复进军”，乌桓方面认为曹操已经撤军，随后，他却悄悄率领大军从喜峰口这条路直奔乌桓老巢，一举歼灭了乌桓主力部队。

回程已经是冬天，道路不再泥泞，于是曹操选择了从东部沿海的山海关通道返回关内。这条路比较平坦，不用跨越高山，遇到河流可以坐船，相对平稳，也是今天京哈高速（G1）、京哈高铁等重要交通线途经的线路。

在三国时期，今天的北京还不是首都，而只是位于北部长城脚下的幽州郡。广袤的华北平原到了这里就到了北端，由此向北，则是巍峨的燕山山脉，由此向西则是与燕山连接在一起的太行山，向东不远处则是大海。在中国文化中，北京的位置就像是一处可以安坐的椅子一样，“北倚山险，南压区夏，若坐堂皇，而俯视庭宇也”（《读史方舆纪要》）。

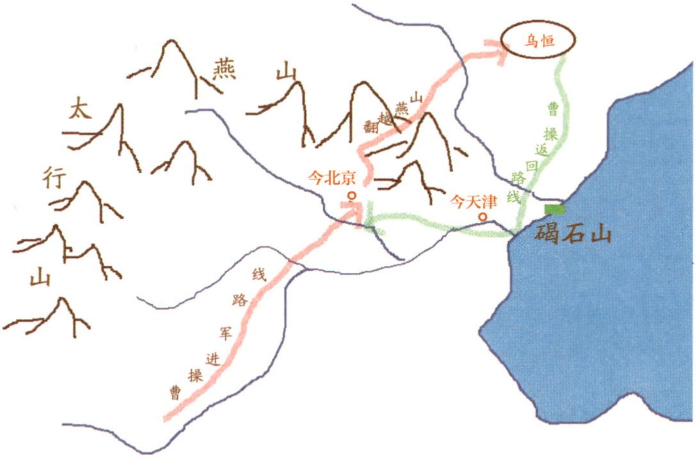

曹操北征乌桓示意图

在北京北部的燕山山脉，自东向西有几处重要的关隘。

在东偏北方向，为曹操北征乌桓所走的唐山喜峰口长城处，现在，这里因为修建了巨大的潘家口水库，没有再像古代那样发挥往来通道的作用了。

在北偏东方向，为北京与承德交界处的古北口，连接北京与古北口的道路就是今天的国道 101，也是北京到沈阳铁路客运专线的通道，是北京到承德最重要的一条路。

在北偏西方向，是北京内的居庸关、八达岭等关隘，这处通道沿着山谷而上，是今天京藏高速（G6）和京张高铁途经地。自八达岭向西，便是张家口，再向西便是大同，以及内蒙古，这是从北京到内蒙古最重要的通道。

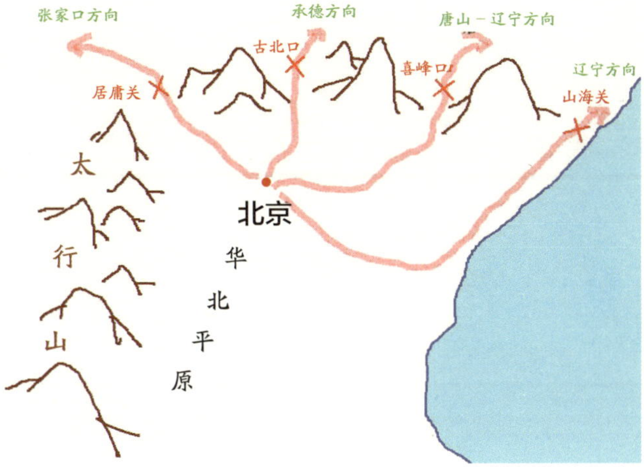

北京一带地理示意图

在北京的西侧和西南侧，以及河北省的西侧，是南北走向的太行山，阻挡了东西向的交通。太行山自北向南有八个重要的关隘，称为“太行八陉”，这些关隘也对北京起到重要的防卫作用，不少地方至今仍旧保存有以前修建的长城和古道。

今天流传最广的古诗词大多是唐宋时期所写。在唐代中后期，北京所在地位于北部边关，唐玄宗时期，安禄山叛乱正是以这里为大本营南下，因为从北京南下直到黄河沿岸都是平坦的华北平原，无险可守，所以安禄山的军队便能够长驱直入，给当时的唐朝带来极大的威慑。

到了宋代，今天的北京一带不属于北宋政权。在宋代开国之初，“燕云十六州”就已经属于辽国，其中“燕州”说的便是今天的北京，“云州”则是今天的山西大同。在北宋时期，宋太宗一度率领军队进攻至今天北京的西直门外，但是却没有能够攻破城墙，而且在退兵的过程中遭遇大败，此后北宋再未控制这一带。所以，唐诗、宋词便与北京没太多关系了。

从地理上看，北京背靠连绵的崇山，面向广袤的平原，脚下有多条河流蜿蜒流过，其中北侧和西北侧的关隘，“东西千里，险峻相连，近在都畿，据守尤易”，在更远处则有渤海和辽东、山东半岛相拱卫，在历史上则是从华北、华东到东北、内蒙古，乃至西北的枢纽，这是北京在后来成为首都的关键因素。

终南秋雪

[唐] 刘禹锡

南岭见秋雪，千门生早寒。
闲时驻马望，高处卷帘看。
雾散琼枝出，日斜铅粉残。
偏宜曲江上，倒影入清澜。

诗人赋闲出游时路过南岭，驻马欣赏，见到山上已经落雪，恰是一幅美景。在历史上，南岭一直是隔断南北的重要障碍，是我国亚热带与热带气候的分界线，也是我国重要文化区的分界线。向南跨过南岭，就到了濒临南海的岭南热带地区，与北方是两个不同的环境。

在南北朝时期，有一个诗人叫陆凯，他路过南岭时，想起自己在当时长安做官的朋友范晔，于是写了一首《赠范晔》：

折梅逢驿使，寄与陇头人。
江南无所有，聊赠一枝春。

范晔是二十五史之一《后汉书》的作者。江南的春天来得早，所以陆凯便想与他北方的朋友分享南方的春天。

中国中部地区自北而南有三道东西走向的山脉，分别是阴山、秦岭和南岭。很巧的是，这三道山脉之间的距离基本上一样，都是一千多公里。三道山脉将中国自北而南划分为五个地理空间，阴山以北为牧业区，以南为农耕区；秦岭以北为温带，以南为亚热带；南岭以北为亚热带，以南为热带。南岭以南主要是广东、广西大部分，在地理上当然也包括海南全部，福建、台湾南部。这里基本上没有冬天，农作物一年可以收获三次。

与秦岭相比，南岭是经常被忽略的一道地理分界线。从地图上看，险要的南岭山脉是岭南丘陵与江南丘陵的分界线，也是长江流域和珠江流域的分界线。南岭北侧水向北汇入长江，南侧水向南汇入珠江。

早在秦代，当时的军队为了统一全国，打通南岭通道，用几年时间开通了灵渠，将湖南的湘江水系与岭南地区的珠江水系用一条运河连接在一起，这样，人们就能通过水路进入广西。灵渠至今还在，这是现今世界上最古老的水利设施之一。

南岭位于广东、广西与福建、江西、湖南、广西之间，自东向西分别是：广东与江西之间的大庾岭，广东与湖南之间的骑田岭，湖南与广西之间的萌渚岭、都庞岭、越城岭，统称为五岭，五岭实际上也是南岭山脉中南北走向的几个通道。

大庾岭通道：从江西沿赣江南下，过赣州后，在大余县开始向南进入陆路，翻越大庾岭，到广东南雄县，经水路向西南方向到韶关，从韶关向南可

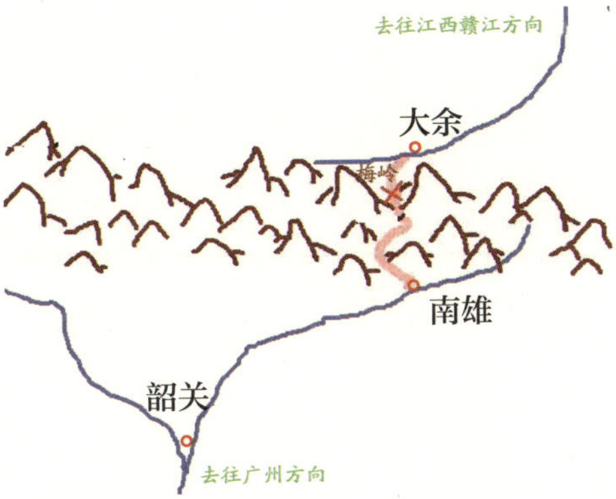

大庾岭通道示意图

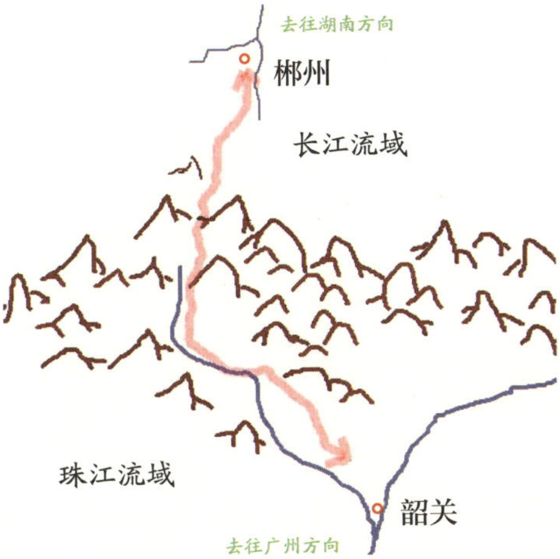

骑田岭通道示意图

以到广州。今天京九铁路大致从这条通道经过。

骑田岭通道：从湖南沿湘江向南，到衡阳后接着向南，到郴州翻越骑田岭，进入广东向东南到韶关。今天的G4高速公路、京广铁路、京广高铁，均从附近通过。在历史上，唐代早期的刘禹锡在今天的湖南常德、广东连州做官时曾经沿着这条路南下。之后，韩愈也曾沿着这条路南下广东。

萌渚岭与都庞岭通道：从湖南沿湘江向南，到衡阳后沿湘江向西，到永州后向南进入湘江的支流潇水河，从潇水河岸的道县翻越萌渚岭与都庞岭之间的山脉，进入广西贺州，这里有珠江的支流贺江，这条通道也称为“潇贺古道”。沿贺江向南为广西梧州，梧州向东为广东，向西为南宁。

越城岭通道：从湖南衡阳到永州之后，即向西翻越越城岭，进入广西桂林的兴安县，从桂林向西南，顺江而下是柳州。这条通道即灵渠通道，灵渠就在兴安县西侧，湘江从兴安县东侧向北流，珠江支流大溶江从兴安县西侧向北流，灵渠连通了这两条河。这是一条重要的通道，现在的湘桂铁路大致从这条通道经过。在历史上，唐代柳宗元曾经在永州做官，写过《捕蛇者说》，也曾在柳州做官，多次往来这条通道。

在上述几条通道中，潇贺古道和越城岭通道，主要是沟通湖南和广西的通道，为东北－西南走向。其中越城岭通道可以全程利用水路，所以自古以来是北方对岭南展开军事行动时首选的通道，但是并不是从江南到广东旅客的首选，因为要绕道广西，路程较远。

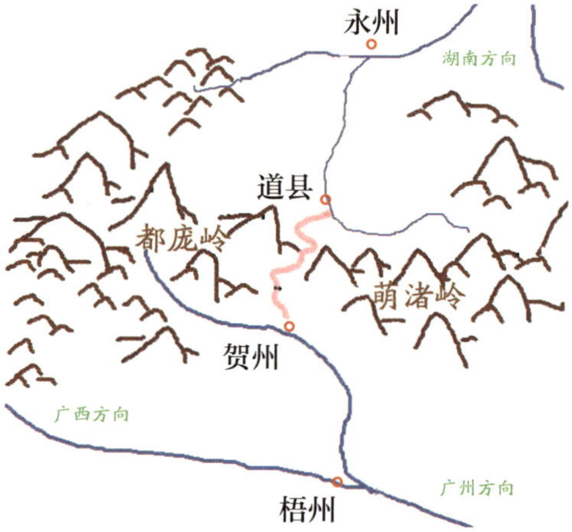

萌渚岭与都庞岭通道示意图

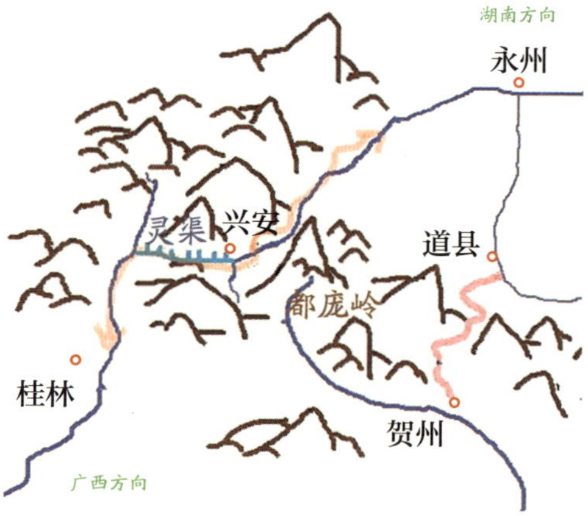

越城岭通道示意图

大庾岭和骑田岭通道主要是广东向北的通道，为南北走向。其中，在唐代早期以前，骑田岭通道更为重要，唐代中期以后则大庾岭通道更为重要。

自古以来，无数人从这里经过。

唐宪宗元和十四年（819），已经51岁的韩愈第二次被贬到岭南，担任潮州刺史。这一次，他的心情很差，在朝廷的催促下，他只好仓促离开京城。在走到当时京城长安东南不远处的蓝田县，准备跨越秦岭时，他的侄孙韩湘前来，于是韩愈写下了《左迁至蓝关示侄孙湘》一诗：

一封朝奏九重天，夕贬潮州路八千。
欲为圣明除弊事，肯将衰朽惜残年！
云横秦岭家何在？雪拥蓝关马不前。
知汝远来应有意，好收吾骨瘴江边。

在这时候，韩愈心中充满了怨气，他认为遥远的岭南是烟瘴之地，说不定自己会死在那里。韩愈并不是无缘无故这样认为，因为他哥哥便是这样死在岭南。

此前，唐代宗大历十二年（777），年仅9岁的韩愈曾随他的哥哥韩会，从湖南前往广东。在韩愈3岁时，他的父亲便去世了，他一直跟着哥哥长大。这一年，本来在朝廷中做官的韩会被贬到岭南担任韶州（今广东省韶关市）刺史，韩愈也一同前往。到韶州后不久，韩会便在这里病逝了。到了唐德宗贞元十八年（802），韩愈自己也被贬职为连州阳山（今广东省清远市阳山县）县令，第二年得到平反，返回京城。

到了元和十四年（819）这一次，韩愈则是被贬到潮州，比他哥哥担任刺史的韶州还要远。走到韶州时，韩愈又写下了一首诗《过始兴江口感怀》，回忆幼时的经历：

忆作儿童随伯氏，南来今只一身存。
目前百口还相逐，旧事无人可共论。

韩愈往来南北走的路线都是骑田岭通道，这可能是因为韩愈小时候在韶州生活过，对广东与湖南之间的山更为熟悉一些。

在唐代初期，骑田岭比大庾岭更好走一些，大庾岭通道狭窄而危险，不方便车马通行。到了唐代中期，曾担任过宰相的张九龄曾主持对大庾岭进行了一次整修，他们在原来秦代修建的“横浦关”东侧找到了一条更合适的通道。新的通道修成之后，变得“坦坦而方五轨，阗阗（tián tián，众多）而走四通，转输以之化劳，高深为之失险”。此后，大庾岭通道逐渐成为岭南南北向最重要的通道。

大庾岭通道与骑田岭通道相比，更能充分利用水路。比如说从长江沿岸向南到广州，整个路途中只有在翻越大庾岭时需要走几十里山路，其余部分均可以利用水路。宋代的余靖说：“由堰道入漕渠，溯大江，度梅岭，下浈水，至南海之东西江者，唯九十里马上之役，余皆篙工楫工之劳，全家坐而致万里。”（《武溪集》）余靖甚至说可以从大运河出发，南下进入长江，从鄱阳湖口进入江西，一直走水路。对于古人来说，陆路十分辛苦，选择步行比较劳累，选择乘马车则费用太高，又十分颠簸；而水路可以乘船，价格低廉、平稳舒适。

因为从江西到广东的这条路上，只有大庾岭一段地势险要，通行不便，所以，位于大庾岭南麓的南雄县的地理价值逐渐突显，被认为“居五岭之首，为江广之冲”“枕楚跨粤，为南北咽喉”。其实，早在公元前213年，秦军在向南征伐的过程中便注意到了大庾岭通道，当时的军队沿着大庾岭中比较低矮的一处山路修筑了一个通道，并在地势险要的梅岭修建了一座城池，此处遂成为一处关隘，称为“横浦关”。在此之后，梅岭开始成为大庾岭通道上最具标志性的地点。到了北宋淳熙（1174—1189）年间，当地官员派人在大庾岭上种植了很多红梅，让“梅岭”这个名称变得更加名实相副。梅岭所在地是我国亚热带气候和热带气候的分界带，所以梅岭南北气候差别很大，古人甚至有“南枝花落，北枝始开”的说法。

在唐代后期，南北往来的人便主要走大庾岭通道了。唐宣宗大中二年(848)，曾经担任过宰相的李德裕也被贬官至潮州。李德裕被贬时已经接近60岁了，他辛苦翻越南岭，来到广东，从李德裕留下的《谪岭南道中作》中，能看到他当时的心情：

岭水争分路转迷，桄榔椰叶暗蛮溪。
愁冲毒雾逢蛇草，畏落沙虫避燕泥。
五月畲(shē)田收火米，三更津吏报潮鸡。
不堪肠断思乡处，红槿花中越鸟啼。

桄榔是一种乔木。畲田是用火烧掉田地里的草木，然后耕田种植。火米是岭南特有的一种米。津吏是管理摆渡的人。潮鸡是岭南地区一种在涨潮时便会鸣叫的鸡。

历尽艰苦，李德裕终于来到了潮州，但却得到消息，继续被贬职到当时的崖州，即现在的海南。最后，李德裕没能再回到北方，病逝在了崖州。

到了北宋时期，著名文学家苏轼也曾从这里经过，南下岭南到惠州任职三年多。苏轼在这里写下了脍炙人口的诗歌《食荔枝》：

罗浮山下四时春，芦橘杨梅次第新。
日啖荔枝三百颗，不辞长作岭南人。

南宋末年，在南宋都城临安（今浙江省杭州市）失守后两年多，文天祥等人拥立了年幼的小皇帝，继续抗元。文天祥先是在江西赣江上游打游击，抗击元军，随后一路兵败，一路南逃，越过大庾岭退至今天的珠江口西侧的崖山（今广东省新会县）。崖山之战，南宋军队全面溃败，小皇帝和无数人跳海自杀，文天祥被俘，被押到船上，在路过今天珠江口时，写下了名诗《过零丁洋》：

辛苦遭逢起一经，干戈寥落四周星。
山河破碎风飘絮，身世浮沉雨打萍。
惶恐滩头说惶恐，零丁洋里叹零丁。

[明] 仇英绘《摹李唐重江叠嶂图》（局部）

人生自古谁无死？留取丹心照汗青。

零丁洋就是今天的珠江口，惶恐滩位于江西，是文天祥从杭州向南退却路上的一处渡口。

宋元以后，许多人从北方翻越梅岭，向南进入气候炎热的岭南地区。位于梅岭与南雄县之间的珠玑巷开始成为一处重要的市镇。在那时候，“由中原入广东，必以珠玑巷停驿”。从北方来的人们翻越梅岭之后，终于进入岭南地区，多会选择在这里歇一歇脚。本来，珠玑巷也是往来南北的商品集散地，很多人看到这里繁华热闹，于是便会在这里暂住一段时间，甚至定居下来，做点生意，待逐渐适应了岭南地区的生活后，再进行下一步的打算。

慢慢地，珠玑巷成为很多南迁家族进入广东之初的停留地。从很多族谱中可以看到，许许多多的家族都留下了对珠玑巷的记忆。广东的珠玑巷，就像山西洪洞的大槐树一样，成为中国家族迁移史上的重要地理节点，千百年来也承载着无数中国人对家族历史的回忆。

第七章

军事地理

（下）

古战场

［明］陈伯康

此地曾经几战尘，
离离荒草不生春。
平沙日落黄云断，
燐火如星出近人。

明代诗人陈伯康在这首《古战场》中描写了他所见到的古战场，荒草连天、黄尘滚滚。千百年来，在广袤的中原大地上，每处地方都曾经作为战场存在。

前文已提到过荆轲的故事。公元前227年，此时离秦国最后统一中国的公元前221年还有6年，秦国军队已经进入到今天河北省中部，兵临燕国南部边界。秦国没有贸然进攻燕国，不过燕国国内已经人心惶惶，此时，燕太子丹选择了孤注一掷，派出荆轲前往秦国诈降，并以此找机会刺杀秦始皇。荆轲携带着燕国地图和当时叛逃的秦国将军樊於期的头颅，离开燕国都城南下。自太子丹以下，燕国的许多人一路远送，到了燕国南部边界的易水河畔，荆轲在这里与众人告别。太子丹望着远去的荆轲，击筑高歌，与荆轲作别，荆轲远远地

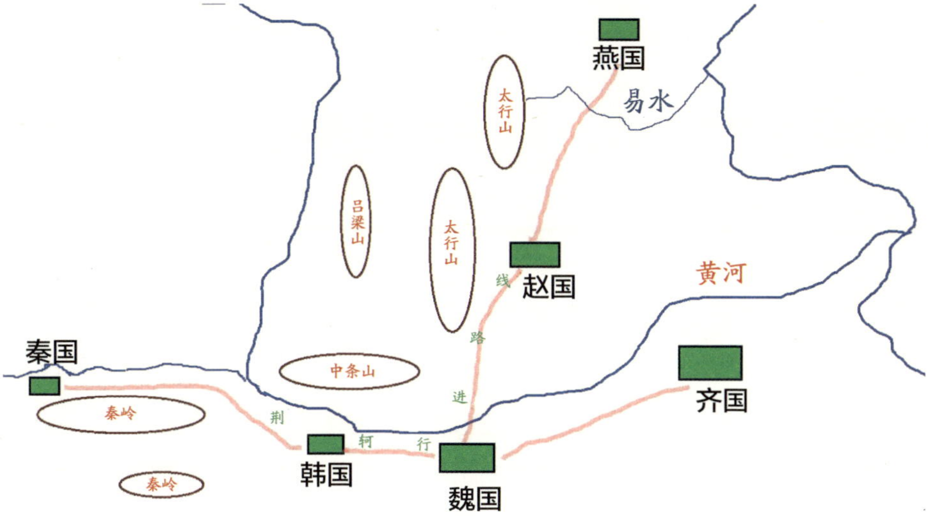

荆轲行进路线示意图

回应："风萧萧兮易水寒，壮士一去兮不复还！"所有人都知道，无论成败，荆轲必然会牺牲了。

告别燕国，荆轲沿太行山东麓，华北平原西侧的南北通道，自北而南，经过赵国，一直向南走到黄河岸边，再沿着黄河岸边的东西通道向西，进入秦国都城咸阳（今陕西省西安市）。荆轲从燕国到秦国一路上走过的路线，在当时就是我国北方最重要的通道了，在今天也是我国北方最主要的交通干道，而这一带则一直是中国政治中心所在地。

南北走向的太行山，被称为"天下脊梁"。太行山以西为山西高原，以东则控制华北平原。一条条河流从太行山向东流出，在太行山东侧与华北平原交界处，有比较充足的水源，同时，这里低缓起伏的地势也有利于排水，没有过多的沼泽和盐碱地。从这里再向东，在古代有过多的沼泽和盐碱地，不利于农业；从这里向西，地形崎岖，农业活动也受到影响。因此，唯有太行山与平原交界处的这一带，水土最为丰茂。

位于两种地形区之间的山前低缓坡地，自古以来分布着一连串城市，从今天的北京向南一直到石家庄、郑州。在古代，两侧两种地形区生产不同的农牧产品，因此这里一直是重要的商品交换区。在今天，京广铁路、京广高铁、G4高速公路、国道107线等沟通南北的最重要交通线路都从这一带经过。

从以太行山以东、以南这一地带为中心，再向东、南扩展一些，是我国传统意义上的中原地区。中原地区主要是华北平原一带，西起太行山，东到大海，具体来说，其西侧自北而南，分别是：今天河北与山西交界的太行山，河南省北部与山西交界的中条山、王屋山，今天河南西部南部的伏牛山等山脉。中原之地，北起燕山，南到淮河，具体来说，南侧有淮河以北的熊耳山、大别山。中原地区的中部，除了东侧有山东半岛的山脉之外，大部分地区是广袤的平原，位于天下的中央，所以称为“中原”，在历史文献中，有时也称为“中国”。

中原地区，自古以来便是我国文明的核心地带。秦朝末年，天下流传“秦失其鹿，天下共逐之”（《史记·淮阴侯列传》）的说法。自那时候，逐鹿中原成为历朝历代争夺天下的必然之事。

中原地区的军事活动，一方面以华北平原周围的山脉为屏障，另一方面则以流经这里的河流为依托。在华北平原，自北而南有发源于太行山的海河、自山陕交界处流出的黄河、发源于河南西部桐柏山脉的淮河等河流。这些河流，以及河流在下游平原上形成的许多湖泊，就构成了战争时的基本屏障。自古以来，中原地区的战争大多发生在与周围山脉、内部河流湖泊附近相联系的关键地区。

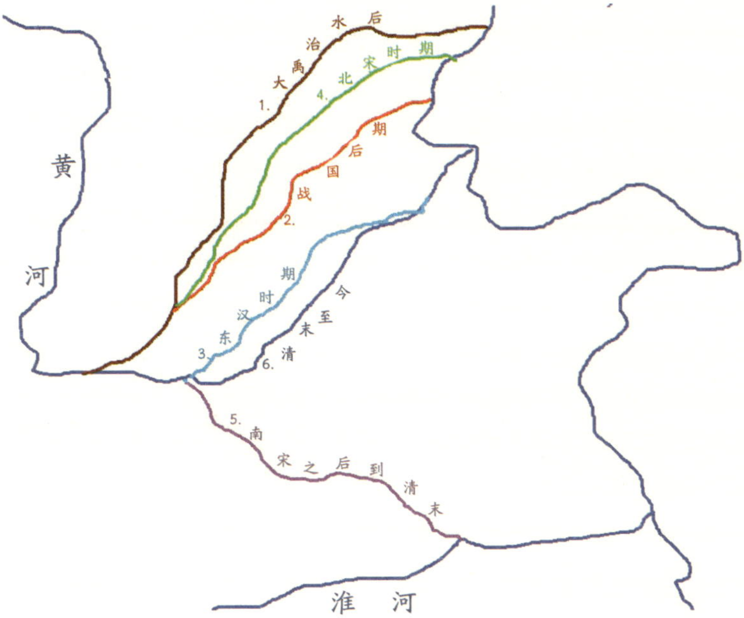

黄河下游改道示意图

华北平原最重要的河流，自北而南主要为海河、黄河、淮河。其中黄河水流量大，流经地区广，所以尤其以黄河最为重要。今天黄河下游河道的走向经过河南到山东入海，基本上为自西而东（略偏北）的方向。在历史上，黄河下游的河道曾经发生过多次改变。

从大禹治水时期开始到战国时期，黄河下游是从河南向北，经过河北省中部，到天津一带入海。在战国之后，黄河下游逐渐向南改道，到了东汉初年，经过治理，形成了与今天黄河河道比较接近的入海通道。到了北宋时期，为了提升北部防卫能力，北宋政权将黄河下游河道改为一条接近大禹时期向北的通道，这段时间比较短，只有不到一百年时间。

到了南宋以后，黄河开始改道向南，进入今天的淮河入海。这次改道仍

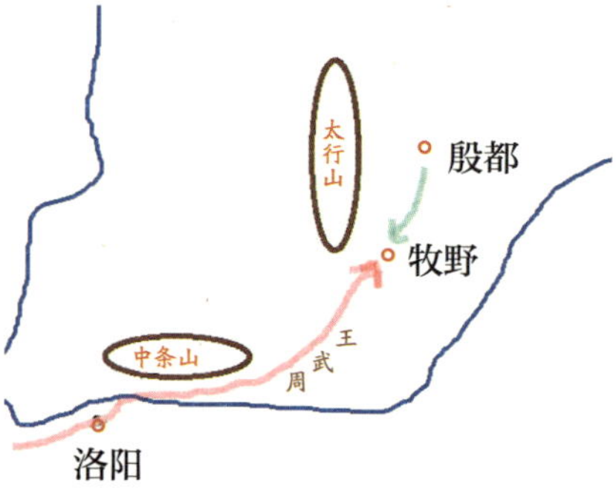

牧野之战示意图

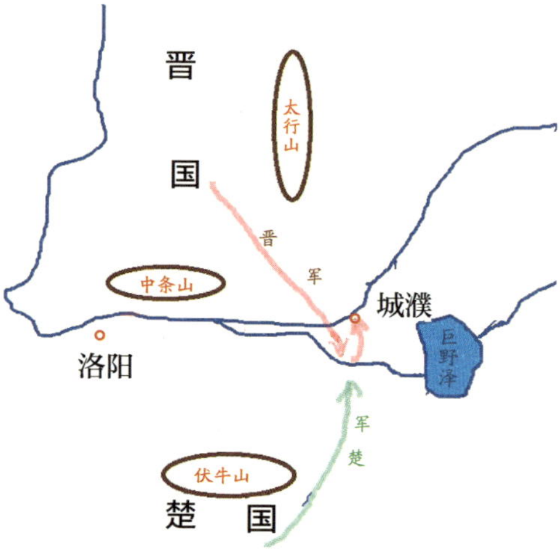

城濮位置示意图

是为了南宋的国防需要。这一局面一直持续到清代，前后有 900 多年时间。清代末年，黄河下游河道再次变化，改为经由目前的河道入海。

荆轲沿太行山东侧的南北通道向南，在进入赵国之后的不远处，便是曾经的牧野之战、围魏救赵、巨鹿之战以及官渡之战的发生地。这里正好位于太行山东侧南北通道与黄河沿岸东西通道的交会处。

大约在公元前 1000 年左右，周武王率领军队从关中向东，从今天的洛阳向北渡过黄河，然后沿黄河北岸向东，进入太行山东侧之后向北，在牧野一带（今河南省新乡市）与南下的商代军队主力展开决战。在牧野之战中，周武王消灭了商代军队的主力，之后继续向北占领商代都城，中国历史上第一次时间、地点清晰且有比较明确记载的改朝换代就此发生。

在东周时期，这里也曾发生过多次著名的战争。周襄王二十年（公元前 632），晋、楚两国在城濮进行了城濮之战。城濮位于黄河下游东西通道的东端，黄河南岸。在当时，城濮以东有一处面积很大的湖泊，阻挡了南北交通，所以湖泊西侧是南方的楚国向北进攻的重要通道。城濮之战交战双方的领导分别是晋文公、楚成王。在城濮之战发生的五年前，晋文公重耳还不是国君，因为在国内受到排挤而在各国流亡，在途经楚国时，受到楚成王礼遇，楚成王问当时的重耳："将来你回到晋国，恐怕要成为国君，到时候你怎么报答我？"重耳回答说："如果真的有那一天，万一晋楚两国军队不幸交战，晋国军队一定后退三舍，以作为报答。"三舍是 90 里地。五年后，楚国真的率军北上，与晋国交战，晋文公退避三舍，正好诱敌深入，在城濮将楚国军队打败。

在牧野古战场的附近，也是历史上著名的战役围魏救赵的发生地。在战国初年，公元前 403 年，强大的晋国分成了韩、赵、魏三国，几十年后，魏国经过社会改革，变得强大起来，其领土逐渐向东扩张，进入中原腹地。公元前 364 年，魏国迁都大梁（今河南省开封市），成为中原地区实力最强的国家。

公元前 354 年，赵国进攻南部的小国卫国，占领了曾经的牧野之战附近的一些地方（今河南省新乡市北部），引发魏国的不满，于是魏国出兵包围了赵国都城邯郸。邯郸位于都城的北侧，太行山东麓南北通道南侧。大敌在前，于是赵国派人向东部的齐国求救。

此时，魏国的大将为庞涓。曾经庞涓与孙膑都在当时著名教育家鬼谷子处求学，庞涓因为嫉妒孙膑的才能，便用计谋割断了孙膑的两只脚，他认为这样就能让孙膑从此无法见人。后来，庞涓成为魏国大将，孙膑则逃亡到齐国，成为齐国大将田忌的重要参谋者，成语故事田忌赛马就发生在此时。

本来，在得到赵国求援的消息后，齐国的齐威王希望让孙膑直接带兵，

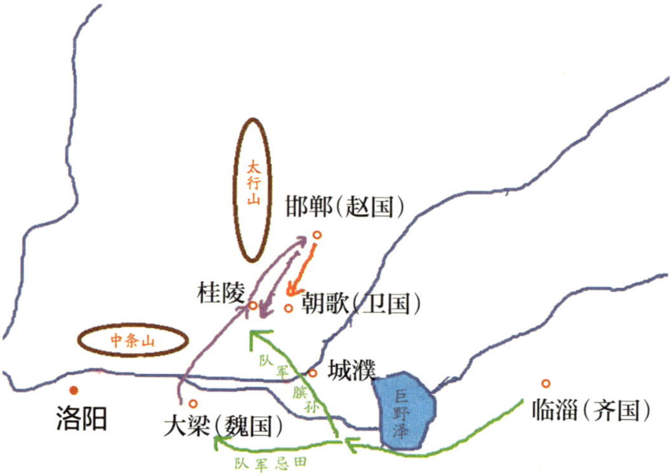

▲ 桂陵之战示意图

【知识链接】

孙膑尝与庞涓俱学兵法。庞涓既事魏，得为惠王将军，而自以为能不及孙膑，乃阴使召孙膑。膑至，庞涓恐其贤于己，疾之，则以法刑断其两足而黥之，欲隐勿见。

齐使者如梁，孙膑以刑徒阴见，说齐使。齐使以为奇，窃载与之齐。

《史记·孙子吴起列传》

孙膑却还是坚持做田忌的参谋，由田忌率军为赵国提供援助。

孙膑帮田忌想出的办法是，让齐国派出小股部队佯攻魏国的其他城市，而田忌则率主力部队悄悄进入魏国，直捣魏国都城大梁（今河南省开封市），也就是黄河下游东西通道的东侧，城濮战场西侧。这样吸引庞涓撤军回援大梁，随后，田忌在庞涓回援大梁的必经之路桂陵设伏，生擒庞涓。历史上，这次战役被称为桂陵之战，这个过程也就是为后世人们称道的围魏救赵的故事。

遗憾的是，围魏救赵并没有真正解救赵国，魏国的都城没有被齐国攻下，魏国主力也没有被齐国消灭。当时的魏国国力强大，在庞涓率军往返的过程中，魏国并没有放弃对赵国都城邯郸的围困，甚至攻下了邯郸，直到庞涓被袭击之后，魏国也始终占据着邯郸。两年之后，魏国与赵国达成协议，魏国最终撤出了邯郸。

大约十几年后，魏国从都城大梁（今河南省开封市）向西进兵，围困韩国都城新郑（今河南省郑州市附近），韩国也向齐国求援。齐国满口答应，可是直到韩魏两国军队两败俱伤的情况下，才再次派兵进入魏国。齐国从魏国的东侧进入卫国，沿黄河南岸直驱魏国都城大梁，魏国只好再次回军救援。这次，魏国的庞涓中了齐国“孙膑减灶”的计谋。孙膑在分析了魏国的情况之后，提出齐国军队在与魏军短暂接兵之后，逐步向东撤退的方法，在撤退的过程中，逐步减少军队停留处埋锅做饭时坑灶的数量，让魏国误认为齐国军心涣散，军队人数不断减少，进而更加大意冒进。最后，齐国在马陵一带，利用有利地形，埋伏好军队，全歼庞涓率领的魏国主力部队，庞涓在此次战役中也被弓箭射死，史称马陵之战。马陵之战后，魏国元气大伤，失去了称霸中原的能力。

公元前 262 年，秦赵两国之间爆发长平之战，这是战国后期最激烈、最著名的一次战役。长平之战耗时三年，战役的结果是，赵军主力部队 45 万被秦国军队全部歼灭，秦国由此扫清了统一全国的最大障碍，在几十年后终于统一全国。

▲ 长平之战战场位置示意图

长平之战并不是发生在太行山以东的平原地区，而是发生在南太行山的西麓，太行山与太岳山之间的盆地。这处盆地是今天的长治盆地，也称为上党地区。长治盆地北部为漳河，总体流向向东，沿漳河向东穿过太行山峡谷就是今天的河北省；长治盆地南部为丹水、沁水，总体流向向南，穿越王屋山中的峡谷，注入黄河。

长治盆地分为南北两部分，这是因为中间有一处不太高的山，恰好是漳河与丹水的分水岭，称为“丹朱岭”（以及“金泉山”“牛头山”）。长平就是位于丹朱岭上最重要的一处关隘，向北跨过长平，就可以进入漳河盆地，沿漳河进攻赵国都城邯郸，所以长平的地理位置十分重要。

总的来说，长治盆地并不是山西最富庶的地区，这里总体比较贫瘠，地势平坦处并不多，交通不便，并不是发动大规模战争的理想之处，但这里却发生了当时规模最大的战役。

本来，长治盆地是韩国的领土，韩国的都城在黄河南岸的新郑（今河南

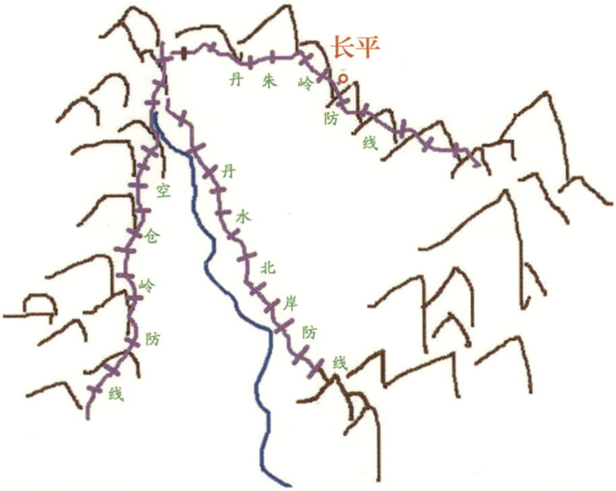

长平之战初期廉颇防线示意图

省郑州市附近）。公元前262年，秦国名将白起攻占黄河以北、太行山以南的土地，占领了丹水、沁水下游，这样，秦国就切断了长治盆地一带与韩国都城之间的联系，让这块地方成了飞地，韩国已经无法控制这块地区，为了避免进一步损失，韩国干脆向秦国割让长治盆地，以换取秦国休兵。

不过，此时长治盆地的管理者冯亭不想向秦国投降，而派人联络赵国，希望将长治盆地的所有城池交给赵国。赵国经过一番商量，最终决定接受这块土地。赵国自然知道，这里即将迎来秦国的军队，所以马上派大将廉颇率军前去接收。

廉颇接到命令便率军从邯郸穿过太行山中的峡谷，进入长治盆地。由于此时秦国军队已经控制了黄河北岸王屋山一带的关隘，所以廉颇只能以长治盆地南北两部分之间的分水岭为主要依托，构筑工事，长平开始成为秦、赵两国关注的焦点。

廉颇在长平一带构筑了几道防御工事：

第一道，沿太岳山余脉空仓岭构筑南北走向的防线。

第二道，沿自北向南流的沁水东北岸构筑防线。

第三道，沿丹朱岭构筑东西走向的防线。

赵国粮食储存在丹河北岸偏东，军队主力驻扎在长平。

正当廉颇紧急布防时，秦国紧急派出另一支大军，由名将王龁（hé）率领，从秦国直接进入西侧的汾河谷底，沿汾河向东北，跨过太岳山，进入沁河，自西向东攻入廉颇在太岳山余脉空仓岭的防线侧翼。

秦赵双方在此相持两个月，由于秦国控制的太岳山西侧是广大的谷地，粮食供给充足，而且有大片的草场，战马也能得到充足的补给。廉颇在对峙中处于被动局面，加上此时白起率领的秦国军队已经自南向北，沿丹河进入长治盆地，为了避免西南两侧同时作战，廉颇便主动放弃了空仓岭防线，率军收缩回丹河以北的防线，集中兵力对抗秦国，也避免在空仓岭受到两侧夹击。

收缩防线后，赵国在丹河东北侧的防线变得更加充实，加上能够背靠北侧的丹朱岭，在战局上开始处于主动局面。秦赵双方在此相持很久，秦国始终无法攻破赵国的防线，而且在丹河以北的山上，赵国还有一道防线，所以秦国只好另想其他办法了。

不久之后，赵国中了秦国的反间计，加上几十万青壮年劳动力长期在战场上消耗，农业生产受到影响，赵孝成王后勤压力过大，便更换了长平之战的主将，改由赵括统领赵军，以谋求长平之战的迅速解决。

可是，赵国误判了这场战争的地位。此时，秦昭襄王亲自从咸阳赶赴长平之战前线附近的黄河以北督战，发动秦国全国所有 15 岁以上男丁投入战场，或者充实前方战场，或者在后方打造兵器，或者在前方运输粮食，将秦国的全部国运都做了赌注。

这样，秦国在长平之战中的兵力大大增加，经过商量后，秦国采取多种办法：

第一，在丹河南岸正面战场对赵括采取诱敌深入的方针，吸引赵括主力部队进攻。本来赵括就急于进攻，可是他不知道秦国军队的实力已经大大增加，所以在越过丹河之后，赵括迟迟无法攻破秦国防线。

第二，派出一部分兵力，分别从长治盆地东西两侧的山脉中向北迂回包抄，从山中绕路到赵国军队后方，在战略上给赵国造成压力。

第三，在赵括主力进攻秦国丹河南岸之后，派出主力部队强攻赵国丹河防线的东侧，撕开赵国丹河东北侧防线其中一部分，并且就地修筑南北长壕，阻断位于东侧的赵国粮库与位于西侧的赵括主力之间的联系。

就这样，赵括的主力部队不仅没有完成进攻计划，而且因为无法向前突破，后方丹朱岭一线也已经被秦国包围，整个赵国主力陷入被包围的状态。在坚持了一个多月之后，赵括率军分路突围，然而遭到失败，最终全军覆没。赵国从此失去了几乎全部主力部队，再也无法与秦国抗衡，虽然后来一度收复长治盆地，但是很快又失去了。至此，秦国扫清了统一全国的最大障碍。

汉代末年，曹操与袁绍争夺北方的官渡之战也发生在当时黄河下游的南北两岸。建安五年（200）初，占据今天河北一带的袁绍率领大军南下，兵临黄河岸边，拉开了官渡之战的序幕。当时，我国行政区划基本上为州－郡－县三级，全国共有十多个州，袁绍占据幽州（今河北省北部及京津）、冀州（今河北省中南部）、青州（今山东省北部）、并州（今山西省大部）等地，曹操占据兖州（今山东省中南部）、豫州（今河南省中部）、徐州（今山东省南部、江苏省北部，以及河南安徽两省交界一带），控制关中地区。双方基本上以当时的黄河为界，实力不相上下，可能袁绍一方稍强，而当时的汉献帝在曹操一方。

官渡之战主要发生在黄河渡口，以及黄河渡口南部属于兖州的东郡一带，共分为三个阶段：

第一阶段：双方围绕黄河渡口展开攻防战。建安五年（200）二月，袁绍一方主力到达黄河北岸黎阳（今河南省新乡市与鹤壁市附近）。由此向西，黄河在这里有几个渡口，最近的为东郡白马县北部的渡口，曹操一方的东郡太守负责防守；不远处是延津县（今河南省新乡市）渡口，曹操名将于禁在这里防守。

袁绍先派出大将颜良进攻白马县，颜良率军渡过黄河，包围了白马县。此时，曹操的主力还在黄河以南官渡一带，他本来想率军先到白马，经过讨论后改变计划，做出一副率主力从西侧的延津县北渡黄河，袭击袁绍后方的架势。袁绍得到情报后，派大将文丑和刘备分兵到延津县渡河，进攻曹操一方。此时，曹操率主力进攻白马县的颜良，颜良战死，文丑亦阵亡。

在渡河作战中，袁绍一方虽然没有在渡河过程中受到根本性损失，却连失两员大将，士气受到一定影响。

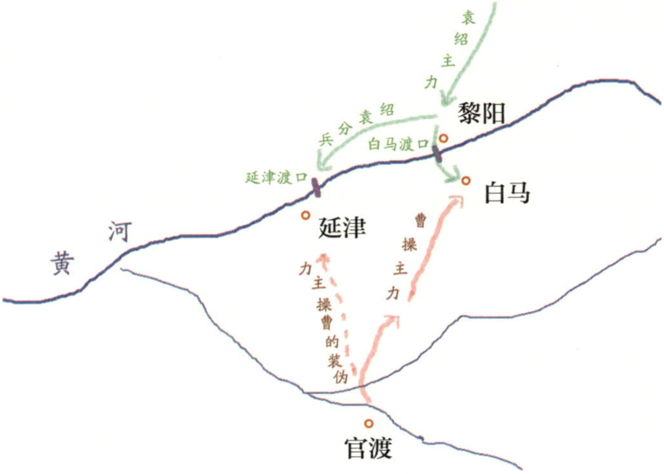

官渡之战初期示意图

第二阶段：双方在黄河以南、东郡中部对峙。在延津与白马之战后，袁绍主力均已渡过黄河，曹操一方全部退守官渡防线（今开封市西南侧）。官渡是当时黄河南侧支流济水的一个重要渡口，官渡东西两侧有面积比较大的沼泽，从这里南渡济水比较方便，所以此地的地理位置十分重要。渡过官渡之后，离许昌就不远了，所以曹操一方必须在这里坚守。

这年七月，袁绍进军阳武县，兵临官渡所在的济水北岸，与曹操在这里相持几个月，小的战斗互有胜负，如此下去，就变成了消耗战，哪一方粮草充足，哪一方就能将对方的士气消耗掉。袁绍不断从河北运送军粮南下，为了防止曹操一方突然袭击，造成损失，袁绍选择多次运输，每次只运一小部分的策略，这样即使出现损失，也不会太大；同时，袁绍本来是豫州汝南郡人，而且是汝南当地名门望族之首，他利用之前的影响力，在曹操后方不断掀起各类骚扰活动；此外，袁绍还派出刘备四处活动。曹操在东、南两个方面均感受到压力，无法获得后方的安稳，也就没有稳定的粮草运输，在战争

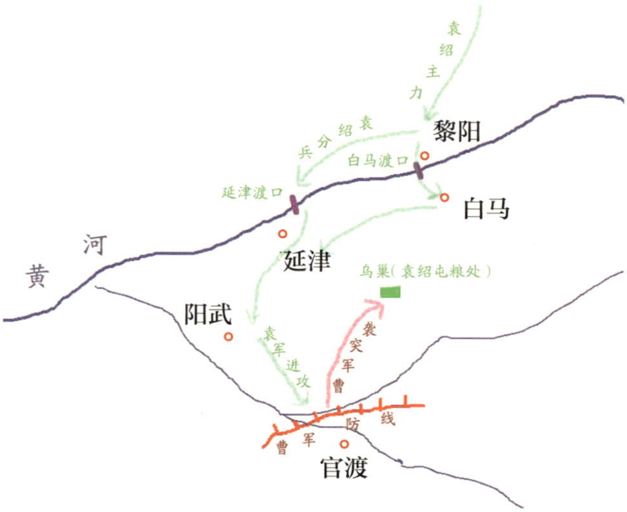

官渡之战后期示意图

中逐渐处于被动局面。

第三阶段：曹操一方反败为胜的阶段。几个月以来，可能袁绍一方在粮食运输过程中总体损失不大，所以就稍微大意了一些，为了便于粮食运过黄河，为冬季储备足够的物资，袁绍终于选择进行了一次大批量粮食运输，不幸的是，这次军粮运输的所有情报被叛变的许攸全部泄露给了曹操一方，于是，军粮全部被毁，缺乏粮草的袁绍只好退兵，在撤退过程中军队溃败，损失惨重。不久之后，袁绍病死，河北逐渐陷入混乱，后被曹操占领，曹操由此逐渐统一了北方。

出师未捷身先死：诸葛亮出祁山的路线

蜀相

［唐］杜甫

丞相祠堂何处寻，
锦官城外柏森森。
映阶碧草自春色，
隔叶黄鹂空好音。
三顾频烦天下计，
两朝开济老臣心。
出师未捷身先死，
长使英雄泪满襟。

234年，蜀国的诸葛亮最后一次出师北伐，却不幸病逝于军中。几百年后，唐代诗人杜甫写下这首《蜀相》，感叹诸葛亮的一生。

在诸葛亮负责治理蜀国时，中国处于魏、蜀、吴分立的三国时期。经过连年战争，全国人口剧烈减少，魏国占据北方大部分地区，相对来说国力强大一些，有400多万人；蜀国占据西南地区，有90多万人；吴国占据长江中下游及以南地区，有 200 多万人。

这一年初，诸葛亮从蜀国的“前进基地”汉中发动了最后一次北伐。诸葛亮的计划是，从汉中向西北，翻越秦岭，占领今天宝鸡东部眉县一带。在出发前，诸葛亮手下的将领魏延提出一个方案，他说：

“假延精兵五千，负粮五千，直从褒中出，循秦岭而东，当子午而北，不过十日，可到长安……比东方相合聚，尚二十许日，而公从斜谷来，亦足以达。如此，则一举而咸阳以西可定矣。”（《魏略》）

魏延提出，从汉中沿着秦岭南侧向东，然后向北进入秦岭中的子午道，十天就可以赶到长安，也就是现在的西安。诸葛亮从斜谷进军，两路大军会合于西安，便能切断魏国与西安以西的联系。不过，诸葛亮否定了这一不甚现实的做法，他认为西安城墙高大，方圆几十里地，以魏延的几千人是不可能突破的，而魏国实力强大，很快就能赶到长安，到时候，蜀国军队会处于进退失据的局面。

东西走向的秦岭位于关中地区南侧，山势陡峻，隔绝南北。在秦汉时期，跨越秦岭的南北通道只有五条，自东向西依次为子午道、傥骆道、褒斜道、陈仓道、祁山道。这五条路的南端都位于现在的汉中一带。

（1）子午道连接汉中与现在的西安，大致为今天京昆高速（G5）途经的路线。

（2）傥骆道连接汉中与现在的西安市周至县，大致为今天国道 108 的途经路线，这条路十分艰险，在当时走的人不多。

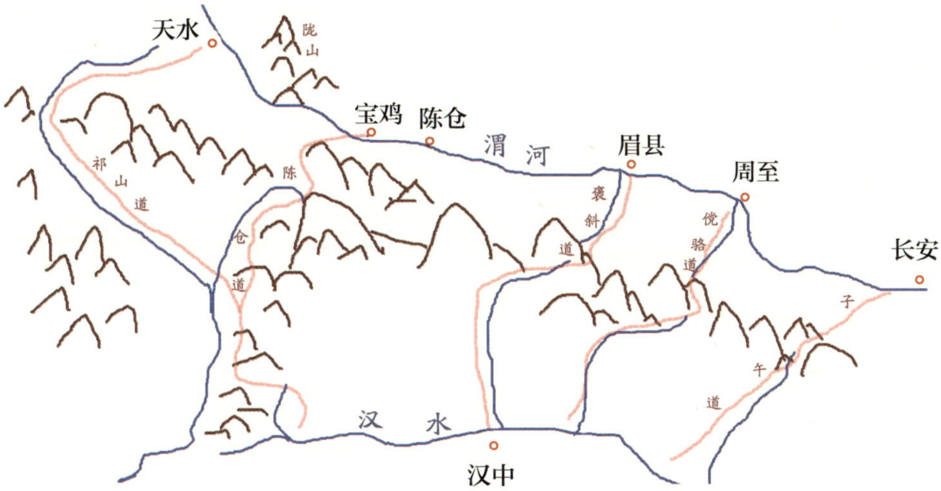

三国时期跨越秦岭的道路示意图

（3）褒斜道从汉中向北经过斜谷，然后东折，沿着褒水河连接今天的陕西省宝鸡市眉县。

（4）陈仓道从汉中向西北方向，沿着今天的汉江一直向上，然后向北再向东，连接今天的陈仓区。在历史上，秦汉之际刘邦与项羽争天下时，刘邦被分封在汉中一带，“暗度陈仓”说的便是刘邦悄悄沿着这条路向北跨越秦岭，占领关中地区，所以也称为“秦岭故道”。

（5）祁山道从汉中向西，一直到秦岭西侧山势较低处的祁山，然后向北跨过祁山，到达甘肃天水。这条路最为绕远，不过避开了秦岭最险要处，相对没有那么险要。

相比之下，魏延提出的子午道是连接秦岭南北距离最近的一条路，而诸葛亮选择的路相对绕远一些。

诸葛亮一生一共五次北伐，主动进攻魏国，由于魏蜀两国实力差别太大，所以始终没有取得较大成果。诸葛亮深知敌我双方的情况，所以他选择的主要进攻路线反而是最西侧的祁山道。诸葛亮认为，天水距离魏国的政治中心最远，在东侧有六盘山阻挡，魏国要从中原派军队前来，路途遥远，而且要跨越六盘山，这对蜀国十分有利。占领六盘山，就能切断魏国与河西走廊之间的关系，进而占领当时的凉州大部分地区，这对蜀国来说最现实。

228 年春季，诸葛亮第一次北伐，他放出风声表示要从褒斜道出发，并且让赵云带领小股军队走这条路，以吸引魏国的主力，诸葛亮自己率领大军走祁山道。最初进展顺利，不过后来进攻战略要地街亭时，因兵力不足而未能取得最后成功。街亭位于六盘山西南侧，向东跨过六盘山便能进入渭河平原所在的关中地区，是魏国连接关中地区与河西走廊的重要通道。

在这一年冬天，诸葛亮趁魏国关中地区兵力空虚，发动第二次北伐，出兵沿陈仓道，占领今天宝鸡一带，后来因粮草准备不足，未能占领陈仓城（今宝鸡市），又退回汉中。

此后，诸葛亮认为从东侧的道路进攻十分困难，便于 229 年逐渐蚕食祁山道附近的魏国领土，这是第三次北伐。

230 年，魏国的张郃从子午道，曹真从褒斜道，率领多路大军进攻蜀国，因遇大雨天气，魏国遭到失败。

231 年，诸葛亮第四次北伐，再次从祁山道进攻天水，与魏国互有胜负，后因为粮草不继，只好退军，在退军的路上，斩杀了张郃，他是魏国负责防御蜀国方面的大将，是第四次北伐取得的重大战果。

234 年，诸葛亮第五次北伐，沿褒斜道进军，为了能够获得成功，诸葛亮为此次北伐做了充足准备，在汉中囤积了大量粮草，希望能够“十全必克”。在占领秦岭北侧的渭河平原之后，诸葛亮甚至开始在渭河南岸屯田，耕种土地，以避免出现粮草不继的情况。可是，这一次，诸葛亮仍旧没有取得成功。因为劳累过度，诸葛亮在秦岭北侧的五丈原去世，享年 54 岁。后来，诸葛亮手下的将领将他的灵柩运回汉中埋葬。

需要着重提及的是诸葛亮于 228 年的第一次北伐，此次北伐在街亭遭到失败。后人曾为这段历史编写了很多故事，比如“挥泪斩马谡”，甚至京剧有专门的剧目《失街亭》。街亭到底在哪儿，为什么在街亭的失败竟然导致了诸葛亮整个北伐的失败呢？

街亭位于今天甘肃省天水市的陇城镇。顾名思义，陇城便是陇山附近的一处小城镇，街亭是陇山的一处重要关隘。今天的甘肃简称为“陇”，有个成语叫“得陇望蜀”。陇山是中国文化中一处重要的分界线。一般来说，陇山是指今天六盘山脉南段，大致呈南北走向，南接秦岭，北通黄河。在地理上，陇山是关中平原和河西走廊的重要分割山脉。

古代的丝绸之路，从今天的西安向西，沿着渭河平原，可以一直走到陕西和甘肃交界地带，这里便是陇山。陇山东侧是位于渭河平原的宝鸡，西侧是甘肃天水，跨过陇山便进入甘肃，进入兰州再向西，便是祁连山北侧的河西走廊，这些地方称为“陇右”“陇西”，是中原地区连接新疆，乃至中亚的主要通道。

诸葛亮占领天水一带之后，必须守住天水的东大门，也就是陇山及其重要关隘，这才算真正切断了魏国东部与陇西之间的关系。只有这样，诸葛亮才能安稳地占领这里，开展经营，否则蜀国军队随时都面临敌军居高临下的进攻，无法在这里立足。正因为此，无法占领街亭，便无法守住天水的东大门，便无法进一步经营天水以西地区。由于兵力不足，失去了街亭，实际上便是无法有效控制陇山的重要关隘，天水东大门洞开，加上粮草不继，诸葛亮只能选择退军，以避免更大的危险。

在古代，陇山的南段也称为关山。今天，这里的关山草原是著名的风景区，在古代则是重要的牧场。由于海拔升高，气温降低，空气中的水分遇冷降雨，高处反而相对湿润，所以关山一直是战略要地。

对古人来说，从西安向西跨过关山，景象便大为不同了，关山以东为农耕区，以西为草原牧业区，一幅边塞气象，所以在中国古代，关山具有浓厚的文化意义。大量的诗歌描述曾提及关山，《木兰辞》中说“万里赴戎机，关山度若飞”，来不及仔细体味，便跨过了关山；而唐代的王勃则写下“关山难越，谁悲失路之人？萍水相逢，尽是他乡之客”的名句。

关山成为文人心中一处“远”与“近”的分隔地，跨过关山，便到了远方；关山以内，仿佛便是故乡。五代十国时期，关仝（tóng）留下一幅《关山行旅图》，画中远处高山高耸，气势雄伟，深谷悠远，气韵万千，近处则有狭窄的小路，板桥茅店，旅客往来，艺术化地呈现了关山附近的形貌。

在历史上，每个曾经前往河西走廊、西域的人都曾从这里走过。比诸葛亮早二百多年的刘秀在这里留下“得陇望蜀”的感叹，比诸葛亮晚二百多年的地理学家郦道元在这里去世。唐代初年，玄奘法师从这里出发，离开故土前往万里之外的印度修习佛法；清代末年，左宗棠从这里进入兰州，一路收复新疆，“新栽杨柳三千里，引得春风渡玉关”。一代代先人从这里往来，带来了新事物，也带来了新生活、新文明。

京口瓜洲一水间：长江中下游的军事地理

泊船瓜洲

［北宋］王安石

京口瓜洲一水间，
钟山只隔数重山。
春风又绿江南岸，
明月何时照我还？

京口和瓜洲位于长江下游。京口就是镇江，位于扬州对岸、长江南岸。瓜洲就是扬州南郊的瓜洲渡，位于长江北岸。钟山是南京城东部的山，与镇江相距不远，所以说“只隔数重山”。

北宋名臣、“唐宋八大家”之一的王安石是江西人，他年轻时曾在安徽、浙江做官，也曾在朝廷担任宰相，主持变法，晚年生活在江宁（今江苏省南京市）。从江西前往当时的都城开封，以及浙江，均要经过扬州或者镇江。王安石一生曾无数次坐船经过扬州，这首《泊船瓜洲》是他晚年有一次停留瓜洲渡时所写，这一带是我国东部地区南北方向的重要通道。

早在三国时期，我国南北之间经常发生战争的战场

▲ 京口瓜洲位置示意图

主要分为三部分，自西向东依次是：西部秦岭南北的战争，比如诸葛亮多次率军向北跨越秦岭，进军关中；中部以荆州也就是长江中游一带为中心，从北部的南阳，经襄阳到长江沿岸今天的武汉一带；东部地区主要是合肥以南到长江之间。从赤壁之战的后半段开始，孙权一直率领军队进攻合肥，以打开从这里北进中原的通道，也希望减轻西部周瑜的压力。

当时，吴国的都城是今天的南京，南京位于长江下游南岸。从南京长江段向上游不远处，可以经过长江的支流——濡须水进入巢湖，从巢湖沿着水路向西北不远处就是合肥，而从合肥向北可以进入淮河，所以合肥的地理位置十分重要。

为什么孙权一定要从南京的西侧这里向北进军呢？

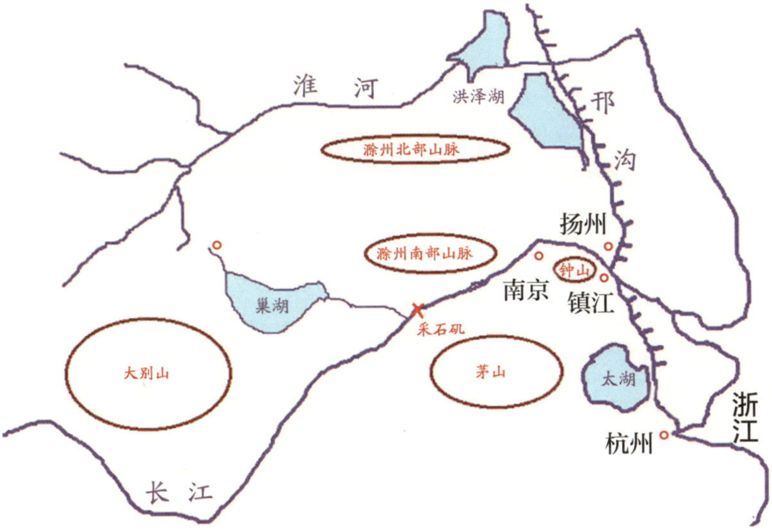

长江下游军事地理位置关系示意图

巢湖面积很大，巢湖形成的出入长江通道的东西两侧均有山脉，西侧是大别山余脉，东侧也是山脉，属于滁州，宋代欧阳修曾说“环滁皆山也”，所以自巢湖以南由濡须水进出长江，是一条重要的通道，三国时期的孙权一直由此沿水路向北进军。

南京西北侧：南京位于长江南岸，对岸（西北侧）是今天南京浦口区，浦口区西北侧有老山山脉，大致是南京和安徽滁州的分界线，西北侧有山脉阻挡，通行不便，而这里的江面在古代有几千米宽，往来通行不甚容易。

南京东北侧：从南京沿长江向东，到达镇江附近，有一处瓜洲渡，是连通长江南北的重要渡口，从这里渡过长江向北，对岸便是扬州。扬州位于今天京杭大运河与长江交汇处，京杭大运河在长江与淮河之间的一段称为邗（hán）沟，早在战国时期便已经开通，邗沟将连片的洪泽湖、高邮湖串联在一起。

从军事上来说，在孙权生活的三国时期，沿着扬州以北的这条水路，从南向北进入淮河，只停留在淮河的下游，处于被动局面，所以不如从南京西侧向北进攻更合适。

所以，孙权会选择先从南京沿长江逆流而上，然后沿濡须水进入巢湖，以占领合肥、监视淮河为主要目标。

在长江的支流濡须水汇入长江的附近，有一处战略要地，名为采石矶。初中语文教材选入的《孙权劝学》中说：“权谓吕蒙曰：卿今当涂掌事，不可不学！”“当涂”指的就是这里。

唐代开元十三年（725），年仅25岁的李白第一次沿长江而下，走到采石矶附近的天门山，曾写下一首《望天门山》：

天门中断楚江开，碧水东流至此回。
两岸青山相对出，孤帆一片日边来。

李白在诗中说，千里长江的水流在这里形成了回水。采石矶突出长江中，不是一个很平坦的沙洲，而是突兀而出的凌空绝壁。一千多年前的长江跟今天有一些差异，那时候的采石矶突出水面更多，导致长江在这里的水流方向都发生了变化。

在南宋时期，这里也是抗击北部金国军队进犯的重要堡垒。南宋绍兴三十一年（1161），金国组织主力部队，分几路进攻南宋，其中金国皇帝完颜亮亲自率领的一路人马便是试图由采石矶南渡长江。南宋一方的虞允文在这里组织抵抗，使金军败退。

清代马征麟的《长江图说》中说："金陵采石矶孤探江中，其势最险，无天时之助，断不能克。但采石矶如被攻克，江流顺达，则金陵危矣。"也就是说，采石矶是南京的西大门。如果敌军从长江上游向东进攻，一旦攻克采石矶，从采石矶向东直到南京，长江沿岸便再无险可守了。

从采石矶顺江而下，不远就是南京。就南京城本身来说，其北侧为幕府山和钟山，南侧、东侧也分别有连绵起伏的群山相拱卫，自古以来号称"龙盘虎踞"，以此构成了南京易守难攻的地理位置。南京北侧的幕府山紧邻长江岸边，主峰北崮（gù）山海拔 204 米，幕府山下的燕子矶是重要渡口，因此，幕府山也是阻挡南京下游敌军进犯南京的战略屏障。南京东北侧的钟山海拔 448 米，是南京东侧的重要屏障。

总的来说，南京的军事防御体系的近处防线依赖城墙和城外的山脉，远处防线则依赖西北侧的巢湖、合肥到淮河一线，东北侧的扬州到淮河一线，所以古人有"守江必守淮"之说。

在秦汉时期，扬州以北地势低洼、水网密布，北方南下的军队很少从这里走，在生产力落后的时期，走到这里的北方军队大部分都没有能够成功突破长江防线。在曹操去世后，他的儿子曹丕称帝，建立魏国，曾经几次沿邗沟南下，不过北方军队可能不适应南方水网密布的作战环境，没有一次能够突破扬州防线，面对浩瀚的长江，曹丕感慨"此天之所以限南北也"。

三国时期以后，扬州以北的淮河下游泥沙逐渐沉积，地势抬升，开始变得容易通过了。从此之后，扬州成为沟通邗沟和长江的战略要地。

在和平时期，扬州以及扬州对岸的镇江是重要的交通枢纽，从长江上游而来的客船到此可以从扬州沿着运河北上，也可以从镇江附近沿着运河南下苏州、杭州。无数南方人前往北方，会选择从长江顺流而下，到这里靠岸，然后沿大运河北上；从西南、湖广前往浙江的人也要在这里短暂停留，然后由运河往南。

自唐代以后，扬州一度成为全国最繁华的城市，有“扬一益二”之说，

▲ 清代《京杭运河全图》（宿迁一带）

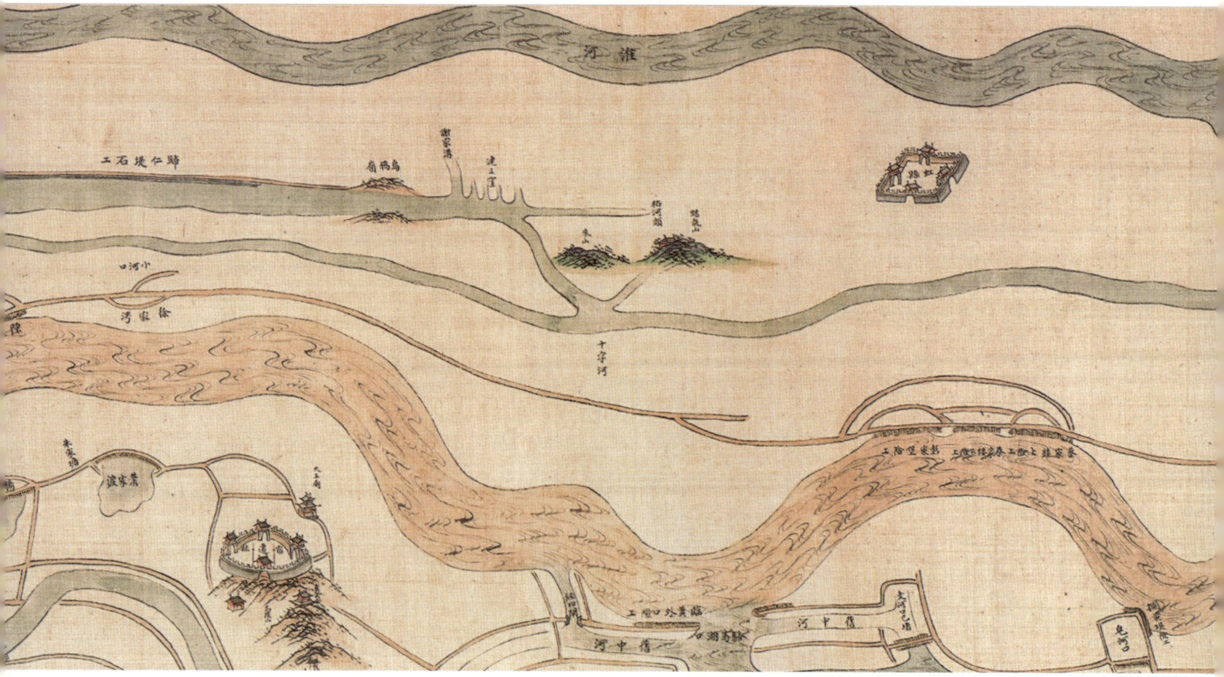

也就是扬州排第一，益州（今成都市）排第二。李白曾在今天的武汉送别好友孟浩然前往扬州，写下名篇《黄鹤楼送孟浩然之广陵》：“故人西辞黄鹤楼，烟花三月下扬州。孤帆远影碧空尽，唯见长江天际流。”广陵即扬州。

正因为扬州的地理位置重要，所以自古以来经历了无数次战争，从南北朝一直到清代，每次改朝换代，扬州都会发生激烈的战事。

南宋淳熙三年（1176），姜夔路过扬州，创作了《扬州慢》，其中提道：“自胡马窥江去后，废池乔木，犹厌言兵。”他说的“胡马”是当时金朝的军队。在南宋刚刚建立的建炎三年（1129），金兵攻破扬州，并且一度占领了长江以南的建康（今南京市）、临安（今杭州市）等地。此后，在绍兴三十一年（1161）、隆兴二年（1164），金兵两次兵临扬州城下。十多年后，姜夔在一场大雪之后路过扬州，看到的仍是残破的情景。

此后，在南宋宁宗开禧元年（1205），已经66岁的辛弃疾路过镇江，写下了一首《永遇乐·京口北固亭怀古》，怀念历史，也表达自己壮志未酬的复杂情感。

千古江山，英雄无觅孙仲谋处。舞榭歌台，风流总被雨打风吹去。斜阳草树，寻常巷陌，人道寄奴曾住。想当年，金戈铁马，气吞万里如虎。

元嘉草草，封狼居胥，赢得仓皇北顾。四十三年，望中犹记，烽火扬州路。可堪回首，佛狸祠下，一片神鸦社鼓。凭谁问：廉颇老矣，尚能饭否？

辛弃疾自20多岁便参与抗金战争，一生起起落落，直到60多岁，先后担任绍兴知府、镇江知府，一直坚持加强兵备，抵抗侵略。这首词正是他在担任镇江知府期间所写。

在这首词中，辛弃疾怀念了历史上的几个重要人物。“孙仲谋”即孙权，辛弃疾感慨再也找不到像孙权那样的英雄了；“寄奴”即刘裕，是南朝宋的建立者，小时候生活在京口，曾经率军北伐，一度攻占洛阳、长安（今西安市），这也是辛弃疾一直以来的梦想。

“元嘉”是刘裕去世后他的儿子刘义隆在位时的年号。刘义隆在位期间，再次组织北伐，可是准备十分仓促，他希望和汉代的霍去病远征匈奴狼居胥山一样，率军直捣当时北魏战略核心区，但实际上却遭遇大败。与南朝宋刘义隆对峙的是北魏太武帝拓跋焘，“佛狸”是拓跋焘的小名，拓跋焘在打败南朝宋北伐的军队后，向南进军，兵临长江北岸，甚至在长江岸边建立了行宫，后来称之为“佛狸祠”。

“四十三年”是指从辛弃疾写这首词的这一年算起，43 年前，金国军队曾经兵临扬州城下。辛弃疾觉得，南朝宋时期的军事失败，与他所在的南宋初年的军事失败情景大致是一样的。

从军事上说，北方军队南下进攻江南地区，或者进攻南京，一般有几条通道，自西向东分别是：第一条，占领今天四川盆地，然后出三峡，沿着长江向东，这条路相对比较远，需要与下游的配合同时进行；第二条，占领襄阳、荆州，然后顺流而下，这条路相对稳妥，而占领襄阳、荆州也是控制长江上游的先手，所以三国时期的曹操、元代的忽必烈等人均将这里作为进攻重点；第三条，从淮河中游进攻合肥，沿巢湖进入采石矶一带，由此向下游进占南京；第四条，从大运河邗沟一线向南，占领扬州、镇江，进而占领江南。

南宋的都城在杭州，位于南京的东南部，所以金国军队进攻的路线偏东，甚至直接从扬州向南进攻，而历史上其他时期江南的政权多以南京为都城，位于中部的淮河—合肥一线更适合作为主攻路线。

三国之后，我国进入两晋南北朝时期。西晋有过短暂的统一，279 年，西晋军队分几路人马，分别从上述的通道同时进攻吴国，最后占领吴国都城建业（今南京市）。因为两国实力对比悬殊，吴国很快灭亡。之后，西晋政权出现混乱，北部少数民族南下，西晋灭亡，司马睿在建康（今南京市）建立政权，是为东晋。

东晋占据我国南部半壁的情况，持续了 100 多年，此间我国北方主要处于战乱之中，其中前秦苻坚曾经短暂统一了北方。383 年，苻坚希望统一全国，组织了全国军队，号称 80 万大军，分兵几路：西路从今天四川沿长江向东，另外有一支军队从襄阳向东南；中路从中原南下进攻淮河沿岸的寿阳；东路从今天徐州沿东部南下进攻扬州。其中，中路为主力，由苻坚和他的弟弟苻融率领。

不过，由于组织不够协调，各路人马没有形成很好的配合。383 年 9 月，苻融率领中路军队前锋抵达颍口，也就是颍河与淮河的交汇处，从这里南渡淮河之后，可以向南进抵合肥，从而进入长江；从这里沿淮河向东可以经洪泽湖进入大运河，进而向南进攻扬州。所以，交战双方都知道颍口的地理位置十分重要，东晋的军队也来到附近迎战。不过，前秦军队数量多，势力大，东晋军队一直处于被动局面。

十月，前秦军队渡过淮河，占领淮河南岸的寿阳（今安徽省淮南市寿县），并且准备沿淮河南北两岸向东进攻，控制这一带之后，再大举南下。

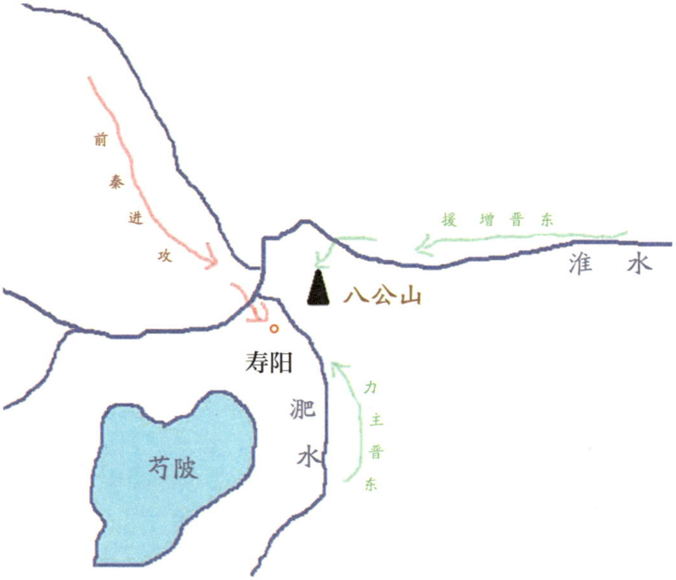

淝水之战示意图

苻坚没有主动寻找东晋的主力部队展开决战，而是坚持一座城一座城地进攻，所以每进占一处，都需要处处布防。

寿阳城位于淮河与淮河支流淝水交汇处，北侧为淮河，东侧紧邻淝水，西侧有山脉。沿着淝水向南是巢湖、合肥，这里是一处四方交汇之地。

此时，东晋军队中的一支从淝水自南向北而来，从南侧威胁寿阳；另一支从东部沿淮河向西，击败了前秦军队前锋之后，驻扎在淝水东岸、淮河南岸的八公山附近。随后，苻坚赶赴寿阳督战，此时，占领寿阳城的前秦军队前锋受到东、南两个方向的威胁。

十二月，东晋军队主动向淝水以西进攻，并派人向苻坚送信，请前秦军队退后一些，在淝水西岸腾出一块地方作为战场。苻坚周围人认为应该坚决阻挡东晋军队渡河，而苻坚认为，自己一方人数众多，如果不腾出地方，恐怕东晋军队不敢渡河，可以略微后退，等东晋军队渡河到一半时突然发起进攻，处在河中的东晋军队必然大乱。

可是事与愿违，前秦军队本来就十分松散，军队内有苻坚之前收编的各种投降的人马，稍微一后退，便无法保持队形，而东晋军队却很快完成渡河，发起猛烈进攻。不幸的是，在后退的混乱中，前秦一方的指挥者苻融骑的马被撞到了，然后苻融被人踩死，前秦军队一下子大乱，十多万人的主力部队被歼灭，只好向北退回洛阳。

这便是淝水之战，“投鞭断流”“草木皆兵”“风声鹤唳”，这些成语都出自淝水之战的过程之中，“投鞭断流”是苻坚在决定南下进军遭到反对时说的话，“草木皆兵”是苻坚在寿阳城看到河对岸东晋军队时的感受，“风声鹤唳”是苻坚向北撤退路上的情况。在淝水之战后，北方再次进入战乱状态。

第八章

城市与乡村

垓下歌

［秦］项羽

力拔山兮气盖世。
时不利兮骓不逝。
骓不逝兮可奈何！
虞兮虞兮奈若何！

公元前 203 年，在垓下之战中，项羽 10 万主力部队被刘邦大军全部歼灭，这年冬季，项羽突围长江北岸的乌江渡口（今属于安徽省），在这里自杀，楚汉之争结束，刘邦统一天下。

此时，刘邦面临着一个问题，应该选择哪里做都城呢？本来，刘邦在东部黄淮平原起义，向西进攻，占领了秦朝的都城咸阳（今西安市附近）。后来，项羽将刘邦分封在汉中地区，刘邦从汉中向北越过秦岭，占领咸阳所在的关中地区，并将这里作为大本营，逐渐统一全国。但是，追随刘邦统一天下的将领们，很多是来自东部黄淮一带的人，他们在功成名就之后，不愿意到咸阳去，在刘邦取得最终胜利之后，大军走到洛阳，没人愿意继续向西了。

为此，刘邦专门召开了会议，讨论定都问题。其实，刘邦本人也怀念故乡，不希望以遥远的关中地区作为都城所在地。会议开始之后，一个叫娄敬的先发言，他提出："回顾此前的两个朝代，秦朝定都在关中，东周定都洛阳，周朝的建立过程十分漫长，经历了前后十代人才完成，汉朝的建立过程跟秦朝很类似，都是通过军事手段获得统一，因此应该模仿秦代，选择一个军事上很稳定的地方作为都城，国家才能长治久安。"

听到娄敬的观点，刘邦请各位将军发表看法，大家都认为："秦代以关中为都城，只有十几年便灭亡了，周代以洛阳为都城，持续了几百年。如果论军事安全，洛阳地理位置也足够好了。"洛阳"东有成皋，西有殽、渑，倍河，乡伊、洛"，洛阳北侧是黄河，南侧是伊、洛两条河，东侧是当时全国最大的粮食储存基地成皋，西侧有险要的关隘，适合作为都城。

此时，刘邦的第一大谋臣张良没有发言，刘邦便请张良说说看法，张良说："洛阳虽然还算安全，但是地方有点小，跟关中相比基本上是四面受敌，四周的土地比较贫瘠，从长远看，不能只依赖成皋的存粮过日子；而关中地区经济发达，东侧是一夫当关、万夫莫开的函谷关，西侧是高山，南侧是四川盆地，物产丰富，北侧则能够与塞外取得联系。总的来说位于全国的上游，一旦东部地区有任何变动，只要封锁函谷关，便足够安全，然后顺流而下，在军事上具有主动优势。"他赞成娄敬的观点。

关中左殽、函，右陇、蜀，沃野千里；南有巴、蜀之饶，北有胡苑之利。阻三面而守，独以一面东制诸侯；诸侯安定，河、渭漕輓天下，西给京师；诸侯有变，顺流而下，足以委输。此所谓金城千里，天府之国也。——《史记·留侯世家》

刘邦一直对张良十分信任，他说："运筹策帷幄之中，决胜于千里之外，吾不如子房。"子房即张良，所以张良的话一锤定音，刘邦决定克服困难，定都关中，从此开启了西汉两百余年定都长安（今西安市）的过程。

西汉之后，东汉的建立者刘秀本是南阳人，而且是以河北地区为基地统一天下的，所以选择位置偏东的洛阳作为首都。后来，长安在南北朝时期作为割据政权的都城，隋朝、唐朝曾继续作为全国的都城。

不过，到了唐代中期以后，长安作为都城的困难越来越多了。其中最重要的问题是，此时的关中开始变得没有汉代那么富裕，已经无法实现粮食自给了。

我们来对比一下：

在汉代，司马迁写的《史记》这样描述关中地区："关中之地，于天下三分之一，而人众不过什三。然量其富，什居其六。"也就是说，这块地方，面积只占全国三分之一，经济产出却占了60%。

在唐代后期，皇帝要经常到洛阳办公，后来甚至将洛阳作为东都，以减少关中地区的粮食消耗。唐玄宗开元二十一年（733），唐玄宗与大臣裴耀卿讨论准备继续到洛阳办公的事情，裴耀卿说："秦中地狭，收粟不多，倘遇水旱，便即匮乏。"此时的关中还是曾经的关中，却不再是全国最富裕的地区，而已经变成"地狭"了。这可能是由于长期开垦导致水土流失，粮食产量下降，加上都城人口规模过大所致。

在唐代后期，各地的军阀割据势力强大，唐德宗贞元二年（786），运粮食的水路被东部地区的节度使控制，粮食无法及时运达，军队没有粮食，几

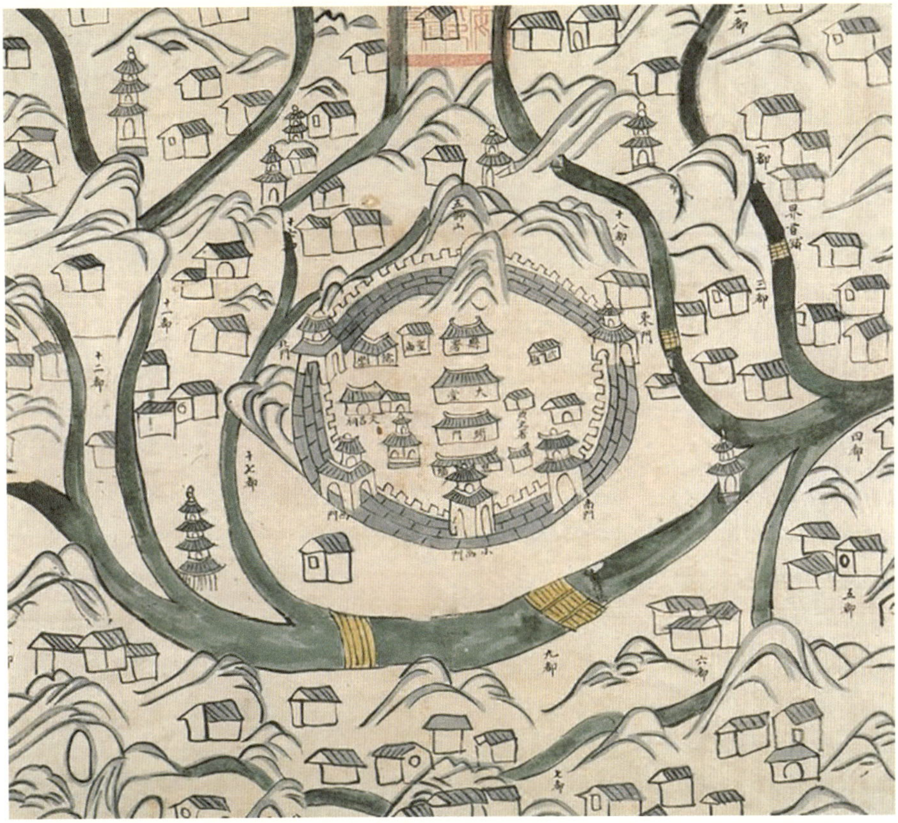

▲ 古代地图中山环水绕的城池（遂安县）

乎要酿出哗变。在经历了几年的艰苦平叛之后，终于打通了运粮路线，唐德宗对太子说：“米已至陕，吾父子得生矣！”（《资治通鉴 · 232 卷》）

宋朝与唐朝一样，都城人口多、规模大，为了便于粮食供应，便以位于东部平原的东京（今开封市）为都城。当时的粮食主产区在长江中下游平原，东京所在地便于从长江中下游运输粮食。元、明、清时期，我国定都北京，依赖京杭大运河沟通南北，运输粮食，维持作为经济中心的江南和政治中心的联络。

石头城

［唐］刘禹锡

山围故国周遭在，
潮打空城寂寞回。
淮水东边旧时月，
夜深还过女墙来。

“石头城”本是今天南京市西侧靠近长江的清凉山上的一处古城遗迹，相传为三国时期修建。后来，“石头城”代指南京。《石头城》诗中的“山围故国”是指东、南、西三面的山围着南京古城。作者仿佛就站在南京城墙边。

古代的城市一般是指有一周城墙环绕的地方，在城墙之内的地区为城市，在城墙之外的地区为郊区和乡村。一般来说，城市兼有政治管理、军事防御、商业交流功能，所以代表军事防御的“城”和代表商业交流的“市”联系在一起成为“城市”。一般来说，城的大小有固定的规格。

公元前498年，已经50多岁的孔子曾短暂就任鲁

▲［清］傅眉绘《山水花卉册》

国大司寇，这是辅佐鲁国国君的重要官职。不过，当时鲁国的权力已经掌握在了季孙、孟孙、叔孙三个家族中，他们分别修建了城池，而且三家城池的长度、高度均超过了规定。为了维护鲁国国君的地位，孔子坚持带人拆毁了超出规定部分的城墙，在历史上称为“堕三都”。孔子的做法引发了几处叛乱，最终不得不中止，孔子也因此辞去了大司寇的职务。

在中国历史上，“城”总是用城墙围起来，以防御外敌入侵。一个官员到一处地方任职，便是来到该地的城池中就职，如果该地没有城池，往往要修建一座城池。在大部分时期，除了都城之外，各地的“城”主要是政治、军事中心，而不是经济中心。

“城”和“市”本来是两回事，很多地方的“城”有了防御功能，比较安全，于是人们来到这里做生意，城兼有了“市场”功能，便合起来称为“城市”了。今天能看到的古城，比如南京的城墙、西安的城墙、平遥的城墙等，大部分为明清时期所修建，更早的城墙大都已经坍塌。此外，明清时期对之前的城墙进行了翻修，新城墙将曾经的旧城墙包围在内，所以今天已经很难看到更早的城墙了。

在古代，从孔子生活的时期一直到明清时期，不同的城市有不同的等级，其中最直观的表现便是城墙的长度、城门楼的高度各有不同。

举例来说，明清时期河南省有很多城市，按照等级分为省会城市（当时即开封）、府级城市（相当于今天的地级市），以及县级城市和部分商业性质的城镇。我们来看一下这些城市城墙的大小。开封府是明清时期河南的省城，明代初年建造，城墙四围全长 20 里地。府级城市有七八处，比如归德府（今商丘市）、彰德府（今安阳市）等，这些府级城市的城墙四围总长基本为八九里地，也有稍微小一些的。县级城市大概有近百处，数量较多，不同县城战略地位差异比较大，所以城墙的长度差异也比较大，不过一半以上长度为 3 ～ 5 里地，有 3 处县城城墙长度甚至超过 10 里地。

明清时期，各地的基本情况大致与河南相仿，省城的城墙一般为 20 多里地，比如相对完整地保存到今天的西安城墙为 24 里地，地理位置相对不重要的省城，城墙长度会短一些；府级城墙一般为 7 ～ 9 里地；县级城墙一

[清] 张若澄绘《燕山八景图》中的城墙（居庸关）

般为 3 ～ 6 里地。有的府级城市战略地位重要，比如今天能看到的湖北省荆州市的城墙，总长 11 里地。有的县级城市，因为地处经济中心，所以建设的规模比较大，比如完整保存到今天的平遥古城四围全长 12 里地，属于个别情况。

此外，还有国家都城级别的城市，比如明代初年修建开封府城墙时，利用了之前宋代即将坍塌的一部分旧城的城墙为基础，当时宋代的开封都城，城墙全长 48 里地；再比如今天能看到的南京城的城墙，在最初修建时是明代初年，那时候南京是国家的都城，城墙全长 60 多里地；再比如北京城墙全长近 50 里地。这是都城级别的城墙。已经消失了的唐代都城长安城的城墙长度大约也是这样的规模。

那么生活在这些城市里的人有多少呢？在部分时期，比如唐代的长安（今西安市）、北宋的东京（今开封市）、南宋的临安（今杭州市）、元代的大都（今北京市）、明清的顺天府（今北京市），这些作为国家都城的城市，人口都超过了 100 万，城市经济十分繁荣。不过，在其他大部分时期，各地普通城市中的人口则比较少。

根据各地地方志的记录，在明清时期，像华北平原河南、山东这样省份的省城，人口大概有五六万；府级城市人口大概有两三万；县级城市有一万

[北宋] 张择端绘《清明上河图》中以城墙为界形成城乡划分

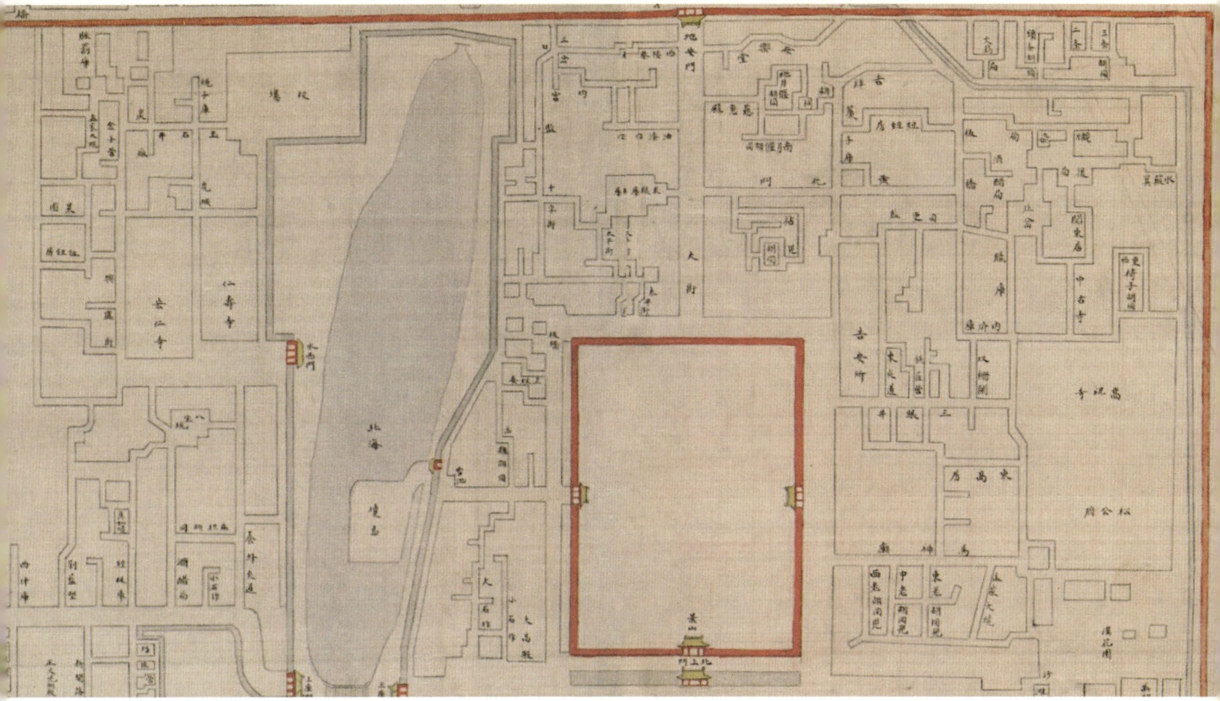

明代北京城地图中皇城部分

人左右。人口多少与商业有紧密关系，比如山东省人口最多的城市并不是省城济南，而是大运河沿线的临清、济宁，这两处城市人口均超过了 10 万人。清代中期，山东全省人口为 2700 万，生活在城市的人口不足 5%。对比一下今天，济南城区人口已经超过 700 万人。可以看到，明清时期，以及古代大部分历史时期，我国主要人口是生活在农村地区的，生活在城市中的人很少。

在西部地区，省城人口情况与东部地区类似，明清时期的西安、兰州，城区人口大约有五万人，而西部地区的县城人口偏少，有的县城只有两三千人，还没有现在一个村子的人口多。在经济发达的地区，生活在城市的人口相对比较多，清代中期，直隶（今河北省）城市人口比为10%，经济更发达的江苏城市人口比大约为10%～20%，这些地区有一部分富人生活在城里，而其他大部分地区的富人并不生活在城市中，而是生活在乡下。

在农业文明时代，大部分人口都生活在农村里，即使富裕的人也是生活在农村里，而农村曾经是各地的文化中心，城市只是作为政治、军事中心，是为农村服务的，这是中国传统文化的地理人口背景。

桃花源诗（节选）

［东晋］陶渊明

赢氏乱天纪，贤者避其世。

黄绮之商山，伊人亦云逝。

往迹浸复湮，来径遂芜废。

相命肆农耕，日入从所憩。

东晋时期，陶渊明辞官回乡，渴望寻找一处理想的生活环境，晚年时，他曾写下一篇《桃花源记》，其中提道："土地平旷，屋舍俨然，有良田美池桑竹之属。阡陌交通，鸡犬相闻。"从此，"桃源"一词成为理想生活环境的代称。这首《桃花源诗》就附于其后，描述了桃花源中自由闲适、自得其乐的田园生活。

唐代诗人包融专门写了一首《武陵桃源送人》的诗歌，几乎就是重复陶渊明的《桃花源记》的描述：

武陵川径入幽遐，

中有鸡犬秦人家。

先时见者为谁耶？

源水今流桃复花。

陶渊明是浔阳（今江西省九江市）人，早年经历了一段时间的做官生活之后，便找到一处乡下，在那里定居。他写过一系列描述乡下生活的诗，其中最出名的是《归园田居 · 其一》（节选）：

方宅十余亩，草屋八九间。
榆柳荫后檐，桃李罗堂前。
暧暧远人村，依依墟里烟。
狗吠深巷中，鸡鸣桑树颠。

实际上，因为陶渊明不太会种地，所以过得并不太好，有时候连饭都吃不上，之前做官时认识的朋友偶尔会接济他一下。陶渊明日子过得十分勉强，不过他的诗歌仍旧充满了对乡村生活的热爱，他在极为艰苦的环境下将乡村生活塑造成了一个充满美感的理想生活环境。

从陶渊明开始，“田园”一词就成为一种理想，并成为一个流派，代表了中国人心中的一种生活方式。在后世的中国，有无数诗歌追寻着陶渊明的

▲［明］仇英绘《桃源图卷》（局部）

理想而不断创新，有无数人在追寻陶渊明远离尘嚣、回归田园的生活，也有更多的人，虽然在尘世中，却不断地构筑着内心的理想桃源，从而不断改造和完善着中国人理想的居住环境。

在唐代，王维、孟浩然被称为“田园诗派”的代表，其中王维的诗歌受到佛教思想的影响，有一种空灵之美，比如《鹿柴》：“空山不见人，但闻人语响。返景入深林，复照青苔上。”而孟浩然则是另外一种风格，比如《过故人庄》（节选）：

绿树村边合，青山郭外斜。
开轩面场圃，把酒话桑麻。

可以看到，诗歌中描述的居住环境是对陶渊明所描述的再发展。陶渊明的草屋前后有榆柳、桃李环绕，而孟浩然所写的“故人庄”里，村外有环绕的绿树，房前有宽敞的院落。

在宋代，王安石《书湖阴先生壁》一诗对“湖阴先生”的居住环境是这样描述的：

茅檐长扫净无苔，花木成畦手自栽。
一水护田将绿绕，两山排闼送青来。

院落干净整齐，周围栽满了花草树木，院外有小河、有农田，不远处则是高山。

从上述诗歌我们可以看到，从东晋以来，中国人对理想的居住环境在总体上有一致的追求，隐约的远山守护在不远处，近处则有树木和小溪环绕，房外有一处小小的院落，院落内外充满生机，热情友好的人生活在其间。

实际上，这是更早的两三千年前《诗经》中描述的居住环境："秩秩斯干，幽幽南山，如竹苞矣，如松茂矣。兄及弟矣，式相好矣。"（《诗经·斯干》）秩秩，流水的样子；斯，这；干，两山间的流水。潺潺的小溪从深远的南山流出，附近松柏繁茂，人们生活在这里，和谐而美好。

在中国历史上，中国人建立了一种理想的居住环境模式，并将周边环境总结为"前朱雀，后玄武；左青龙，右白虎"的体系。实际上，这一体系与自《诗经》开始的古代诗歌中对居住环境体系的设想基本上是一致的。位于居住环境周围的"朱雀""玄武""白虎"实际上都是指山脉，只是对不同位置的山脉高低形状要求不同，比如最好是越远处的山脉要求越高，近处则比较低；居住地后方的山脉比较高，前方的山则比较低。居住地四周都是山脉，居住地位于一个山间的盆地中，但是又不单单如此，而且要求有弯弯曲曲的小河从居住地附近经过。

为什么中国人把理想的居住环境设计成一种位于山间小盆地的模式呢？首要的目的当然是为了安全，前后左右都有山脉阻挡，当然也就能获得安全的环境，可以免受外部的侵袭。其次，在这种环境下，安全而又不是绝对的封闭、绝对的安静。后侧的山脉比较高，而前方比较低矮一些，这样就能依托背后的高山，保证背后的安全；依托面前低矮的山对看到的各种情况做出监视，这是一种不绝对的封闭，而是能看到外部世界的情况的。再次，有山有水是一种便利，水可以方便生产生活使用，而水源的存在也意味着生机和活力，意味着依托在居住地附近可以开展农业生产，维持基本的生活。

也就是说，中国人对居住环境的设想，不只是关注居住环境的内部构造，比如不只是关注居住环境内饮食、起居场所的设计，而且也关注居住地周边的环境情况，要求周边环境形成一种兼具安全、便利和美感的体系，形成一种舒服的居住环境。

实际上，这种理想的居住环境的模式不只是对居住地外部环境的要求，而且是对居住地本身的要求。比如北方的四合院，在总体上便是一个四周合围，中间有院落的小“盆地”，与上述对周围环境的要求其实是一样的。同时，这种“盆地”既不是完全封闭的，也不是完全敞开通透的。比如四合院一般要求大门不能开在院落的正中央，而应该开在院落的一个角上。坐北朝南的四合院一般会选择将东南侧作为大门，大门内外均会修建一处影壁作为阻挡，保证从院外看不到院内的情况，这样便能获得一种心理上的安全感。

▲［北宋］王希孟绘《千里江山图》中背山面水小盆地中的居住环境

嘉慶御覽之寶

第九章

生活地理

伐薪烧炭南山中：古代的能源

卖炭翁（节选）

[唐] 白居易

卖炭翁，

伐薪烧炭南山中。

满面尘灰烟火色，

两鬓苍苍十指黑。

卖炭得钱何所营？

身上衣裳口中食。

唐代中期，都城长安（现在西安市）人口超过 100 万人，每人每天需要 2 斤柴草、木炭来做饭、取暖，这样算下来，一个人一年大概需要五六百斤，全长安城一年则需要几亿斤柴炭。从白居易的这首诗中可以看到，当时已经出现了专门以烧炭、卖炭为生的群体。

柴草和木炭有两个主要的来源，第一来源于森林砍伐，树木每年都在生长，有不断新增的森林资源；第二来源于种植业产生的秸秆，农民每年种植庄稼，都会产生秸秆。在历史上，我国的柴草、木炭的总体供应量是完全可以满足所有人口使用的，但是因为运输不便，柴草与木炭这样的日常生活物资很难进行长途运输，所以产生了一些问题。

《史记》中说“百里不贩樵”，“樵”就是柴草的意思，一般作为燃料使用。在一般时期，如果用陆路运输方式，每 100 斤的常用货物，运输 1 里地，需要 1 文钱的运输费，运 100 里地，则是 100 文。一车柴草几百斤，在农村地区有时候只能卖出 100 文的价格，比较便宜，如果将这一车柴草运输到 100 里地之外的地方，就要几百文钱，运输费比柴草本身的费用还多好几倍，这是不值得的。即使使用相对便宜的水运方式，长距离运输柴草恐怕也不太划算。

正因为此，各地使用柴草大多就在本地获取，依靠本地的秸秆或者森林实现柴草供应。这样，人口密集的地方，秸秆不够使用，森林砍伐得就多。在历史上，都城附近、大城市附近森林覆盖率不断降低，生态环境也不断变差。

唐代末年，朱温篡夺皇位，想在洛阳修建宫殿。可是洛阳附近的山上，凡是交通便利的地方，早已经没有很大的树木，朱温便让人拆掉长安的宫殿，将宫殿的木材沿着河流漂到洛阳附近，再派人捞起来以建宫殿。可见，在唐代末年，用于修建宫殿的优质木材已经十分稀缺了。

在这种情况下，为了减少运输成本，便出现了专门烧制柴炭的群体。他们砍伐树木，将木材烧成重量比较轻的炭。一般来说，炭的重量不足原来木材的五分之一，这样一来，在同等重量之下，木炭的价格会是木材的 5 倍以上。

单价提高了，就能运得远一些了。比如白居易笔下的卖炭翁拉的这一车炭，大概有 1000 斤。在那时候，运到都城中心地带的柴草，天冷时，每 500 斤可以卖 200 文。而炭的价格至少是柴草的 5 倍，这样算下来，一车炭最少

[元] 佚名绘《寒林归樵图》

可以卖2000文。如果卖炭翁是四口之家，五车炭的价格就够一年的生活费了。哪怕拉到更远一些的地方卖，只要能卖得贵一些，也是值得的，所以白居易笔下的卖炭翁就赶着牛车，把炭拉到了都城的中心——接近皇城的位置了。

不幸的是，这位卖炭翁遇到了从皇宫里出来采购物资的“黄衣使者”，付给他“半匹红纱一丈绫”，以很低的价格强行买走了这一车炭。在唐代，买卖柴炭一般用铜钱，也可以用一般的丝织品来代替钱使用。那么“半匹红纱一丈绫”在那时到底值多少钱呢？“纱”和“绫”都是丝绸织品，一般来说绫罗绸缎比较细腻，是高级丝织品，绢纱粗疏一些，是普通丝织品。一匹是四丈，一丈绫大概值五百文，半匹纱大概值二三百文，加起来七八百文。这样一算就可以知道，宫里来的人只付了三分之一的价格，就买走了这一车炭，卖炭翁吃了大亏。

从白居易的诗中我们也可以看到，在那时的都市地区，柴炭已经渐渐成为比较珍贵的物资了。唐代以后，我国渐渐加大了煤炭开采使用量。在宋代，都城东京（今开封市）周围有十几家大型的煤炭交易市场，不过煤炭的价格一直比木炭要贵很多，只有家庭条件好的人，如都城里的高官贵族才能用得起。当然，在煤炭资源丰富、开采十分便利的地区，有一些煤炭就是露在地表之上的，普通老百姓便可以用煤炭做燃料。煤炭的燃烧性能比柴草、木炭要好得多，柴草烧完，马上就没有了热度，而一块不大的煤炭却能持续燃烧好几个小时。一些大户人家使用煤炭，可以在冬天获得持续的供暖，生活质量大大提高。明代著名宰相于谦曾经写过一首《咏煤炭》：

凿开混沌得乌金，蓄藏阳和意最深。
爝火燃回春浩浩，洪炉照破夜沉沉。
鼎彝元赖生成力，铁石犹存死后心。
但愿苍生俱饱暖，不辞辛苦出山林。

在那之后，煤炭的开采量越来越大，到了今天，煤炭已经是我国最重要的能源类型。

千锤万凿出深山：古代的矿产

石灰吟

［明］于谦

千锤万凿出深山，
烈火焚烧若等闲。
粉身碎骨浑不怕，
要留清白在人间。

诗人用千锤百炼的石灰石以喻自己坚韧不拔、不屈不挠之志，可见在当时，人们已经熟练掌握了石灰石烧制技术，这意味着中国古人对矿产资源的认识逐渐丰富。

《千字文》中说："金生丽水，玉出昆冈。"长江流经我国云南省的一段被称为丽水，那是古代盛产金子的地方，而长江上游被称为金沙江。顾名思义，金沙江的名称便是这样来的。古人认为，最好的玉出自昆仑山脚下，直到现在，新疆和田仍旧是著名的玉石开采基地。

《千字文》是南朝梁时期由专人编写的启蒙读物，可见在那个时候，人们便对我国不同地区的矿产分布有了清楚的认识。

实际上，在更久远的时候，我国的祖先便开始大量地开采和使用矿产资源。在三千多前的夏朝，我国挖掘、冶炼铜矿，进入利用铜的时代。到了孔子生活的春秋战国时期，铁器开始得到普遍运用，之后的每个朝代都重视矿产资源的开发。

战国时期，《管子》中记载了一些当时的人找矿的经验：“上有丹沙者，下有黄金；上有慈石者，下有铜金；上有陵石者，下有鈆锡赤铜；上有赭者，下有铁。此山之见荣者也。”这句话详细描述了古人对矿物分布的描述。《管子》毕竟成书于两千多年前，其中的说法未必完全科学。不过我们能看到当时的人已经开始注意找矿的规律了。《管子》中说的慈石就是现在的磁石，是中国的四大发明之一：指南针的原料。

在两千多年前，西汉时期的汉文帝有一个宠臣。汉文帝十分喜欢这个人，有一次，汉文帝找人给他看相，看相的人说：“这个人将来会饿死。”汉文帝无论如何都不信，他觉得自己贵为天下之主，想让谁富，便让谁富，于是，便把铜矿赐给他，并且允许他开采铜矿，自己用铜矿铸钱。

古代人们使用的铜钱的主要成分是铜矿。在大部分时期，只能由朝廷组织铸钱，民间不能私自进行。这个宠臣获得了铸钱的权力，想铸多少钱，就铸多少钱，当然会变得十分富有。不过，在汉文帝临终前，他与当时的太子产生了矛盾。在汉文帝去世后，新任皇帝汉景帝收回了这个宠臣的矿山所有权和铸钱的权力，最后，如看相之人所说，这位宠臣真的饿死在了街头。

从这个故事中我们可以看到，在西汉时期，朝廷已经十分清楚地知道各地重要矿产资源的分布情况，也清楚这些矿产资源的价值，甚至有专门管理“盐铁事务”的政府部门。

生活在西汉时期的司马迁在《史记》中说“农而食之，虞而出之，工而成之，商而通之”，每个行业的从业者都应该得到平等的尊重。司马迁叙述了当时我国各地的物产分布：

山西饶材、竹、榖、纑（lú）、旄（máo）、玉石；

山东多鱼、盐、漆、丝、声色；

江南出楠、梓（zǐ）、姜、桂、金、锡、连、丹沙、犀、玳瑁、珠玑、齿革；

龙门、碣石北多马、牛、羊、旃（zhān）裘、筋角；

铜、铁则千里往往山出棋置。

也就是说，铜、铁往往出现在各地广袤的山峦中，如同摆满棋子的棋盘一般，可见当时的人们已经广泛注意到矿产资源的分布了。

在宋代初年，“凡金、银、铜、铁、铅、锡，监冶场务二百有一”（《宋史·食货志》）。之后，矿场的数量不断扩展，到了南宋末年，已经超过300处。宋代的沈括在《梦溪笔谈》中提到了西北地区流出地面的石油，他认为“此物后必大行于世，自予始为之”。

在明代，《天工开物》一书用很大篇幅对当时的矿产技术做了系统总结，在“五金”“燔石”“锤锻”“冶铸”等篇章中分述了不同的技术。甚至第一次总结了地下矿藏的开采方法，讲了如何在井下巷道设置支护、通风，乃至对开采完地下矿产后的回填都做了描述。

从《天工开物》这本书中我们可以看出，当时的煤炭开采已经变成专门的产业，地质条件认知、采煤挖掘、地下通风，以及瓦斯排放等均有专门的技术总结。

清朝乾隆年间，江苏镇江人王文治到云南建水做官，曾来到附近的个旧锡矿，写下一首《个旧厂》长诗（节选）：

滇中山色半粗丑，草树稀疏如秃叟。
伊谁扫出万螺青，莫是仙人凤尾帚。
由来此地五金聚，宝气润于膏沃首。
天晴朱碧耀泥沙，夜静虹霓贯星斗。

大意是：个旧这里的山草木稀疏，并不怎么好看，不过仙人的凤尾帚扫过之后，这里汇聚了丰富的矿产资源，冶炼的场景是“天晴”时的“朱碧”，“夜静”中的“霓虹”。可见，在当时，个旧矿就已经被大规模开采了。

可以说，明代时我国冶金和金属加工生产的规模、产量和技术，都处于世界领先地位。

醉里吴音相媚好：方言和普通话

清平乐·村居

［南宋］辛弃疾

茅檐低小，溪上青青草。醉里吴音相媚好，白发谁家翁媪（ǎo）？

大儿锄豆溪东，中儿正织鸡笼。最喜小儿亡赖，溪头卧剥莲蓬。

辛弃疾的这首词中说，含有醉意的吴地方言，听起来温柔又美好。总体来说，我国北方的方言相对比较统一，比如东北人也完全能听懂河南人说话，而南方方言则差异很大，江苏省南部、江西省内不同地方之间也无法听懂对方的方言。比如明代的李渔在《闲情偶寄》中说：“三吴之音，止能通于三吴，出境言之，人多不解，求其发笑，而反使听者茫然。”三吴是长江下游以南地区，今天南京以南到浙江绍兴一带的方言差异很大，可能彼此都听不懂对方所言，比如一人本来讲了一则笑话，想让人发笑，结果对方两眼茫然，完全听不懂。

辛弃疾生活在南宋时期，当时，南方已经是中国的经济中心，中国也第一次出现了大批思想家一生都生活在南方的情况。于是，宋代之后，中国开始有很多关于方言差异的文字记录留下，关于方言的话题也开始多起来。

在当时，有一位叫吴处厚的人写了一本名叫《青箱杂记》的笔记小说，里边有很多关于宋代君臣之间的故事，其中提道："刘昌言，太宗时为起居郎，善捭阖以迎主意，未几，以谏议知枢密院。君臣之会，隆替有限。圣眷忽解，曰：昌言奏对皆操南音，朕理会一字不得。遂罢。"刘昌言这个人来自南方，他在宋太宗时担任起居郎，很善于领悟宋太宗的意思，后来升任到枢密院。不过后来宋太宗认为他说的都是南方话，很难听懂，只好罢免了他。

不同的地方，口音不一样，这种情况并不是到宋代才有，在更早的先秦时期就已经出现了。比宋代要早一千多年的《左传》中有一则例子，在鲁哀公十二年（公元前 483），当时的卫出公在一次会盟中被劫持到了吴国，到了这一年年底回到卫国后，竟然学会了一些吴国的方言，《左传》中说："卫侯归，效夷言。"西晋时期的杜预注："夷言，吴语。"也就是当时吴国的方言。

[北宋] 王希孟绘《千里江山图》中的茅屋

在春秋战国时期，不同地区的人对不同事物的称呼有很大的差异。《战国策·秦策三》："郑人谓玉未理者璞。周人谓鼠未腊者璞。周人怀璞过郑贾曰：'欲买璞乎？'郑贾曰：'欲之。'出其璞视之，乃鼠也。因谢不取。"

战国时期的《孟子》也提道："今也南蛮鴂（jué）舌之人，非先王之道。""鴂"是一种鸟，是说当时南方地区的人说话像是鸟叫一样，让人听不懂。

秦始皇统一中国后，全国的文字虽然统一，但是各地对某个字的读音差异仍旧很大，方言一直存在。

在秦汉以后，"鴂舌"这个词经常用来形容南方地区的方言。比如唐代柳宗元曾在广西柳州工作过几年，他曾写信给人说：

"楚越间声音特异，鴂舌啅（zhào）噪，今听之怡然不怪，已与为类矣。家生小童，皆自然哓（xiāo）哓，昼夜满耳，闻北人言，则啼呼走匿。"（《与萧翰林俛书》）

楚越这里的人说话的语音与北方差异很大，时间长了已经习惯了，也学会了这里的话。家里的孩子长期生活在这里，白天黑夜都是听着这里的话，突然听一句北方的话反而不习惯了。

宋代的苏轼也有跟柳宗元一样的困惑，苏轼曾经在广东惠州做官，他写过一首《次陶渊明正月五日游斜川韵》，其中提道："但苦鴂舌谈，尔汝不相酬。"大意是这里风景很好，工作也不是那么累，只是听不懂这里的话，想找人聊天很不方便。

可见，中国人对于各地方言的认识是在不断变化的。在先秦时期，南方地区的方言被认为是“蛮语”，在经典中是不被尊重的。而到了唐代，随着南方的开发，南方地区的一些方言已经逐渐被柳宗元这样的文人所接受。在唐宋时期，南方经济地位上升，南方的方言开始得到平等对待。元代虞裕写过一本名叫《谈撰》的笔记小说，其中提到了一则在北宋时期关于“普通话”的讨论：

“寇莱公（寇准）与丁晋公（丁谓）同在政事堂（担任宰相），一日论天下语音，何处为正。莱公言西洛人得天下之中，丁曰：‘不然，四方皆有方言，惟读书人然后为正。’”

寇准是陕西渭南人，他认为自己的故乡位于洛阳的西侧，乃中国的最中间，所以是“天下之中”，自然语音最正；丁谓不是北方人，是苏州人，他自然不认同这一点，他认为各地都有自己的语音，哪里读书人多，哪里的话便慢慢会成为最“正”的语音，也就是文化中心所在地的语音就是最“正”的语音。

到了南宋时期，大部分文人都对北宋痛失北方国土感到惋惜，所以不少人仍旧将北方洛阳、开封所在地的河南话作为“普通话”。比如大诗人陆游说：“中原惟洛阳得天下之中，语音最正。”

实际上，这主要是因为在汉、唐、宋等几个持续时间最久的朝代中，中国的政治中心都位于河南省、陕西省中部一带，这一带的方言差异并不是太大，相对比较统一。在持续了上千年的历史过程中，这一带的话语自然更能被接受。

元代，大都（今北京市）成为都城，于是北京所在的燕山南麓一带的方言开始成为更被各地接受的话语。在这一时期，朝廷中开始形成和今天普通话很类似的通行语音，而且，凡是被派往各地任职的官员，大部分人也都会使用这个通行语音。

按说，明清时期做官的人必然是来自全国各地，比如一个来自苏州的人很有可能需要到贵州任职，在这种情况下，他在公务活动中都是说当时的“普通话”，也称为“官话”。可是，那时没有录音机，如果没有机会直接接触说普通话的人，一个人是没有办法自己学会“普通话”的，这位来自苏州的官员为什么会说“普通话”呢？这与科举考试有关。在明清时期，被派往各地担任知县以上的官员大部分是进士出身，而所有进士都曾经在京城参加过科举考试，至少在京城生活过一段时间，直接接触过京城话。

而且，所有进士在进京赶考之前，在各地参加科举考试的过程中，也都进行过一些类似于“速成班”式的“官话”培训。清代中期著名学者俞正燮（xiè）在他所著的《癸巳存稿》中提到说：

“雍正六年（1728），奉旨以福建，广东人多不谙官话，著地方官训导，廷臣议以八年为限。举人、生员、贡监、童生，不谙官话者，不准送试。”

在这一政策要求下，当时广东、福建等地专门建立起了一批“正音书院”，用来开展短期的“官话”培训，不过效果有限，实际上执行得并不好。当时，每一级科举考试录取率很低，每次考试，只有 1% 的人能考中秀才；秀才中，也只有 1% ～ 2% 的人能考中举人；举人中，又只有 1% ～ 2% 的人能考中进士。实际上大部分人一辈子都考不上任何功名，在报名之初便学习普通话是没有用的，所以这一政策也没有得到实际执行。只有真正考中了进士的人才有学习“官话”的实际需求，他们大多在京城生活过，同时因为需要在京城或者在各地做官，自然会认真学习“官话”。

光绪七年（1881），左宗棠在平定新疆之后，应诏到京城担任军机大臣兼在总理衙门行走，管理兵部事务，军机大臣就是当时的宰相，当时实际上是请左宗棠负责统一主持朝廷工作。不过，他到京城后，跟同事有一些矛盾，其中一个重要原因是他不会说京城的“普通话”，因为左宗棠只是举人，没有考中过进士，从没有去过京城，所以也就不会说“普通话”。相比之下，曾国藩考中进士后，在京城生活过多年，“普通话”说得很好。

在今天，即使在中国台湾，当地法定的语言也是普通话。这主要是因为自元、明、清以来，在持续近千年的时间里，燕山南麓（今北京市）一带为主的话一直是全国“官话”的主要依据，历史上一直进行的“普通话”推广在今天仍在起作用。

不过，需要专门补充的是，虽然我国各地都有方言，但是自秦始皇统一中国之后，即使各地语音不同，文字却始终是统一的。也就是说，不管是来自东北，还是来自河南，或是来自广东，可能彼此听不懂对方的方言，但每个人都是读着《论语》长大的，写出来的字也是一样的。这种情况不只存在于我国，实际上存在于近代以前的整个东亚地区。清代末年，吴汝纶受政府委托，到日本考察教育活动，他并不懂日本语，也无法听懂日本人的话，但是却能用“笔谈”的方法与当时日本的教育专家展开交流。“笔谈”就是类似于今天用文字聊天的方式，双方用笔书写汉字进行聊天，因为写下的文字相同，所以便能展开交流。直到今天，这种方式还偶尔被中日学者用于交流。

左迁至蓝关示侄孙湘（节选）

［唐］韩愈

云横秦岭家何在？
雪拥蓝关马不前。
知汝远来应有意，
好收吾骨瘴江边。

唐代元和十四年（819），韩愈被贬至岭南地区，他从都城长安出发，走到秦岭东南侧的蓝田时，遇到了他的侄孙前来送行，写下了这首颇有牢骚意味的诗。远望秦岭深处，白云横在山腰，此地已经远离故乡。蓝田关外，厚厚的白雪堆起来，马也停步不前。你远道而来，有什么打算，是不是正好可以到瘴江边收殓我的尸骨？瘴江是当时的人对岭南地区的一种代称，北方的人认为南方瘴气多发，人到了那里很容易生病。

所谓的瘴气，实际上就是后来说的疟疾，俗称“打摆子”，是一种能够通过蚊虫叮咬来传播的传染病。古时候，中国的北方先得到开发，后来逐步向南方扩展。早期的人们提到南方，纷纷表现出畏惧之心，认为南方山林茂密，四处都是瘴气。

▲［元］佚名绘《雪山行旅图》（局部）中的行人

比韩愈生活的时代早几百年，在东汉刚刚建立时，当时的人对于到南方生活更有畏惧之心。建武二十五年（49），当时武陵郡（今湖南省、湖北省和河南南部及两广、贵州省大部分）的地方属国发生暴动，朝廷派出将军马援前去平叛。这一年三月，马援的军队到达当时沅陵县的壶头山。壶头山地势险要，山如其名，山高路险，易守难攻。马援的进攻受到了阻碍，加上天气炎热，好多士兵感染了瘴气，这是马援在此次平叛中遇到的最大障碍。

后来，有人向马援建议说，一种叫薏苡的果实可以祛除瘴气，于是马援下令采集薏苡，将其发给军中的将士，瘴气因此得到控制，马援得以顺利平叛。

后来，到了明代，医书《景岳全书》中提道：“瘴气，惟东南之域乃有之。盖岭南地气卑湿，雾多风少，且以冬时常暖，则阴中之阳气不固，夏时反凉，则阳中之阴邪易伤，故人有不知保重而纵欲多劳者，极易犯之。”南方比北方温度、湿度高，河流广布，蚊虫滋生，很容易出现这种传染病。在医疗条件不发达的时代，许多从北方到南方做官、征战的人都因感染了疟疾而失去生命。

古代有很多种传染病，北方最常见的为伤寒，大致类似于今天说的感冒；南方最常见的即为疟疾。医书《诸病源候论》中说：“夫岭南青黄芒瘴，犹如岭北伤寒也。”这些疾病在今天已经很少危及人的生命安全，但在古代往往是十分严重的疾病。

中国古人很早就对传染病有了清楚的认识，并且提出了多种途径的防治方法。在距今两千年前的《汉书》中便提道：“元始二年（2）……民疾疫者，舍空邸第，为置医药。”“空邸第”便是今天说的隔离措施。

古代的医学著作不断积累用于预防和治疗传染病的药方。比如《千金要方》中专门有“辟温方”，列出了多种方案。宋代的王安石写过诗句：“爆竹声中一岁除，春风送暖入屠苏”，其中“屠苏”在一些地区便是一种用于预防或者治疗传染病的药酒。《千金要方》详细列出了“屠苏酒”的制作方法，使用大黄、白术、桂心、桔梗、蜀椒、乌头、菝（bá）等七味药材，根据不同药材的比例进行混合，采取特殊的方法进行加工后包装起来，在农历十二月初一这一天放在本地的水井的底部。到了正月初一这一天，取出药材，放进黄酒中用水煮开。孙思邈说：“一人饮一家无疫，一家饮一里无疫，饮药酒得三朝，还滓置井中，能仍岁饮，可世无病。”

中国古人认为，传染病是一种时气，与一年中风寒暑湿的变化有着密切的联系，在异常的自然环境中，邪毒会侵入人的身体中，引发可以传染的疾病。春夏之交，万物萌生，也是病毒容易传播的时期。中国人的岁时节令也从春节开始处处含有祛除邪毒、预防疾病的做法。春节之后，到了元宵节，很多地区有“烤杂病”“走百病”的做法，如将生活中的旧物烧掉，以避免病害。端午节时，天气变热，家家户户都要悬挂艾草，用来驱虫、杀菌消毒。

人是大自然的一部分。健康、疾病与地理环境有着密切的关系，古人很早就注意到，不同地区的人，身体特征有一些差异。元代虞裕在《谈选》中提道：“西北之地，山广土厚，其俗所食黍麦粱肉，故其禀若壮，而多风痹之疾；东南之地，土薄水深，其俗所食粳稻鱼虾，故其禀受差弱，而多脾胃之病。”同时，对于不同地区的人，要采取不同的治疗方法，唐代孙思邈的《备急千金要方》说：“凡用药皆随土地所宜，江南岭表，其地暑湿，其人肌肤薄脆，腠理开疏，用药轻省；关中河北，土地刚燥，其人皮肤坚硬，腠理闭塞，用药重复。”不管怎样，只有敬畏自然环境，才能获得健康，实现人与自然的和谐共处。

第十章

四海内外

秦时明月汉时关：从长城到河西走廊

出塞二首（其一）

[唐] 王昌龄

秦时明月汉时关，
万里长征人未还。
但使龙城飞将在，
不教胡马度阴山。

王昌龄生活在唐玄宗到唐肃宗时，这是唐代由盛转衰的时期。这首诗创作于王昌龄前往西域的路上。在这首诗中，王昌龄很向往几百年前的秦汉时期。他认为，此时的边关和以前一样，最缺乏的是守卫边关的人才。秦汉、唐宋、元明清是我国古代经常被提到的几个朝代。在秦汉时期，我国北方修建了东西绵延万里的长城，起到了保卫北方边关的作用。

与其他几个朝代相比，王昌龄生活的唐代虽然持续了近三百年，但在如此久的时间里，却很少像之前的秦汉一样修建长城。今天，我们能看到的长城主要是明代修建的，明代之前的元代和之后的清代都是从北方兴起的少数民族政权，元、清两代，来自北部的威胁总体上来说比较小，所以没有修建长城。

唐代初年，国家实力雄厚，但当时没有修建长城。唐代中叶以后，国家实力变弱，也就无力再修筑长城了。从唐代中叶开始，曾经的秦汉长城所在地，也进入了长期面临游牧民族威胁的时期。

秦汉时期有许多著名的将领，王昌龄这首诗中提到的“飞将”，有人认为是西汉的“飞将军”李广，也有人认为是李广的上级卫青；诗中的“龙城”可能是指今天北京北部燕山一带。

在西汉初年，当时的著名将领卫青曾经从今天的山西北部跨出长城向北出击，打击当时位于蒙古高原的匈奴势力。其中，在西汉元朔二年（前127），“（卫）青复出云中（今呼和浩特市一带），西至高阙（今内蒙古巴彦淖尔盟），遂至于陇西（甘肃省东南部），捕首虏数千，畜百余万，走白羊、楼烦王。”（《汉书·卫青霍去病列传》）

卫青此次进攻，是从黄河“几”字形的右上角出发，沿黄河北部向西，然后到黄河“几”字形的左上角，再向南。实际上是沿着秦代长城一线进攻，包围了今天位于鄂尔多斯高原（黄河以南地区，当时称为“河南地”）的匈奴势力，重新取得了在秦汉之际的混乱时代丢失的“河南地”、河套地区。从此之后，汉代恢复了对秦长城及以南的管理，在这里设置了朔方郡。

秦汉时期的这段长城位于黄河北侧河套地区的北边、阴山南麓，呈东西走向，这段长城主要就是为了保护阴山南侧的土地。在那时候，这里地势平坦、土地肥沃，是良好的草场，一些地区可以使用黄河水灌溉农作物。

在今天，这段秦汉长城已经不存在了，今天能看到的明长城并不是从黄河以北的阴山脚下通过的，而是从鄂尔多斯高原南侧、内蒙古与陕西交界处

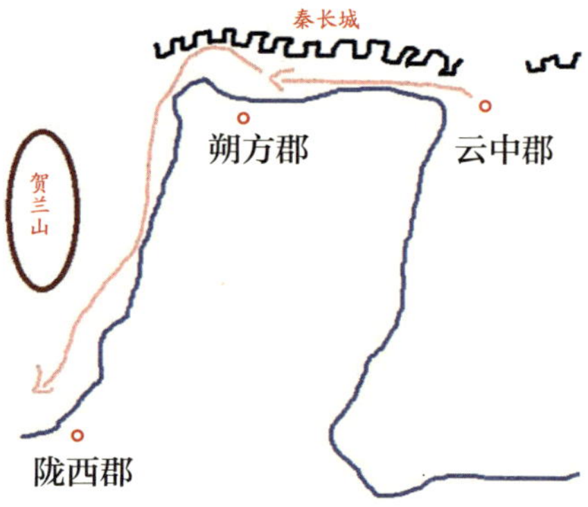

卫青出击方向示意图

通过的，也就是说，秦汉长城将鄂尔多斯高原与河套地区包含在内，而明长城并没有将这块区域包含在内。这是秦汉长城与明长城走向的最大差异。

汉代初年，还有一处更加重要的土地被纳入西汉中央朝廷的版图。元狩二年（公元前 121），19 岁的霍去病出击占据河西（今河西走廊及湟水流域）地区。在霍去病进击河西走廊之后，当时的匈奴流传着一首民谣：

> 失我焉支山，令我妇女无颜色。
> 失我祁连山，使我六畜不蕃息。

此后，汉代中央朝廷控制了黄河以西最富饶的地区，在这里设置了“四郡二关”，“四郡”自东向西分别是“武威、张掖、酒泉、敦煌”，“二关”则是位于敦煌郡的“阳关”“玉门关”，为打通西域奠定了基础。

汉代在黄河以西设立的四个郡就是后代说的河西走廊，是丝绸之路在中国最重要的一段。为什么河西走廊被称为“走廊”呢，这里为什么这么重要呢？

从当时的长安向西，跨过陕西、甘肃交界处的陇山之后，从天水便可以到黄河岸边，跨过黄河是武威郡。武威郡的南侧是巍峨的祁连山脉，向西北绵延上千里地，祁连山余脉与阿尔金山相接，是青藏高原和甘肃、新疆的分界线。祁连山海拔很高，山顶上甚至有终年不化的积雪，很难通行。武威郡的北侧不远处便是腾格里沙漠，腾格里沙漠以西是巴丹吉林沙漠。

总之，从武威向西，经过张掖、酒泉，一直到敦煌，都是这样的格局，南侧是巍峨的高山，北侧有低缓的山丘、广袤的沙漠，只有祁连山的山脚下一线可以通行。为什么这里可以通行？这是因为祁连山上的雪水融化后，祁连山北侧的山脚下便有了一系列大大小小的河流，河流让土地得到灌溉，于是从武威郡向西北，一直到敦煌，这里便成为适合人类生活的一条走廊。

汉代为了经营河西走廊，打通同西域地区的联系，在走廊的北侧修建起了长城，用来保护这条通道，这是秦长城所没有的部分。

河西走廊位置示意图

送元二使安西

［唐］王维

渭城朝雨浥轻尘，
客舍青青柳色新。
劝君更尽一杯酒，
西出阳关无故人。

从军行七首（其四）

［唐］王昌龄

青海长云暗雪山，
孤城遥望玉门关。
黄沙百战穿金甲，
不破楼兰终不还。

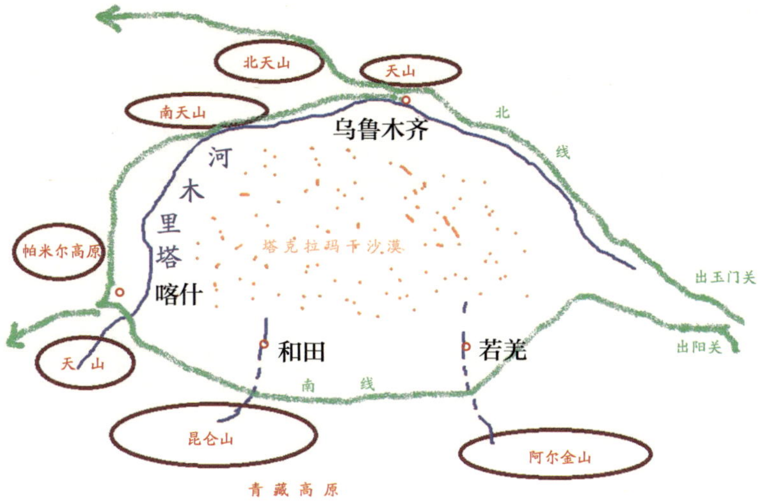

唐代阳关、玉门关外的丝绸之路示意图

在上文这两首诗中分别提到了阳关、玉门关这两处地名。王维的朋友元二即将去西域地区工作，他将朋友送到渭城，劝朋友再饮一杯酒，王维说："出了阳关，便进入西域，很难见到故人了。"

王昌龄则身处西部的雪山脚下，遥望着玉门关，希望打败敌人，为国立功。

阳关、玉门关是中国古诗词中经常出现的地名。在汉代，阳关、玉门关是当时敦煌郡最西侧的两个关口，其中玉门关位于汉长城的最西侧，阳关位于玉门关的南侧。从敦煌郡城向西就是西域都护府管辖区了。

河西走廊到了这里，便开始离开有河流经过的地带，进入新疆地区的茫茫沙漠。在唐代，前往西域的人，走到阳关、玉门关这里，再往前便意味着进入西域。不过，现在的玉门关已经迁到汉代玉门关东侧二百里地之外了。

从敦煌向西，主要有三条路：第一条向北，经过玉门关，进入吐鲁番，从吐鲁番与乌鲁木齐之间的天山通道翻越天山，进入天山北麓的乌鲁木齐，从准噶尔盆地可以进入中亚。第二条，从吐鲁番盆地向西经过塔里木盆地北侧向西。第三条经过敦煌沿着塔里木盆地南侧向西。

从河西走廊向西，途经阳关、玉门关的路上，曾经走过无数的人。

唐代初年，玄奘法师曾经从长安出发，沿河西走廊进入新疆，然后从新疆进入现在的中亚地区，从中亚地区向南，途经今天的阿富汗、巴基斯坦来到印度。玄奘法师为什么要绕如此大一个弯子前往印度，而不是直接从长安向西南直接去印度呢?

在当时，从长安去印度主要有三条路：第一条，就是玄奘法师走的这条。第二条，从现在的四川出发，途经我国云南、缅甸进入印度，这条路在进入缅甸后主要是热带雨林，人很难通行。第三条路是走海路，从我国东南沿海乘船向南，经过今天的马六甲海峡。在玄奘法师生活的年代，第二、第三条路都不成熟，而第一条路虽然十分遥远，但是至少一路上所经之地有各式各样的城市、聚落，可以保证旅途中基本的生活需要。

唐代贞观三年（629），年仅 26 岁的玄奘法师立志前往印度求学，这年八月，他从长安出发。到了唐代，各地的地名与汉代有比较大的差异，不过路线没有变化。比较巧的是，玄奘在出发时，遇到一位秦州（今甘肃省天水市）的僧人在长安学习结束，准备从长安返回秦州，于是两人正好结伴而行。玄奘从长安赶到秦州之后，又与另外的人结伴，继续向西，赶到了兰州。在

[明] 佚名绘《丝路山水地图》中的嘉峪关

兰州，玄奘又遇到一位护送官马前往凉州（今甘肃省武威市）的人，玄奘便跟随这位官员来到凉州。凉州位于河西走廊东侧，他接到朝廷通知，禁止他继续西行，因为当时唐朝与北部的突厥处于战争状态，朝廷不允许任何人离开凉州向西。

【知识链接】

彼有惠威法师，河西之领袖神悟聪哲，既重法师辞理，复闻求法之志深生随喜。密遣二弟子，一曰惠琳，二曰道整，窃送向西。自是不敢公出，乃昼伏夜行，遂至瓜州。

——《慈恩传》

玄奘在凉州住了一个多月，终于得到一个机会，凉州本地的一位高僧派了两个熟悉河西走廊线路的弟子护送他，从凉州向西，昼伏夜行，偷偷出发，经过甘州（驻张掖）、肃州（驻酒泉）来到瓜州（驻晋昌，今甘肃省瓜州县）。

在瓜州，玄奘停留了好几天，他向人打听由此向西的路，想要由此赶到西域（今新疆维吾尔自治区吐鲁番市）。唐代的玉门关比汉代的玉门关往东迁移了几百里地，就在沙州中部，出了沙州城不远处就是玉门关。有人告诉他，从瓜州城这里有两条路，一条向西北，经过玉门关进入西域的北通道，北通道通往高昌国；另一条从瓜州向正西为沙州（驻敦煌），阳关在沙州西部，从阳关向西南，就进入西域的南通道。玄奘想要去高昌国，自然选择北通道，不过在当时，玉门关以外向西北有五个烽火台，也由唐代军队控制。烽火台之间相距大概一二百里地，这五个烽火台附近都有水源，而除了烽火台所在地之外，都是茫茫大漠，直到伊吾国（今新疆维吾尔自治区哈密市）才会有大片绿洲。

在瓜州，一直跟随玄奘的马死了，他托人买了一匹曾经多次往来瓜州与西域的老马，想依靠老马识途，可以避免在沙漠中走丢，然后找了一位向导，偷偷出了玉门关。他们在沙漠中向西走了一天，终于找到了第一处烽火台。非常幸运，管理这处烽火台的士兵是一个信佛的人，他给了玄奘法师一些食物和水，还告诉玄奘，不必到第二、第三处烽火台，以免遇到不合适的人将玄奘遣返，可以直接到第四处烽火台，管理这座烽火台的人是他的一位生死之交的朋友，叫王伯陇。玄奘法师经过艰难跋涉，终于找到了第四处烽火台，见到了王伯陇。王伯陇为玄奘补充了食物和水，让他绕过第五处烽火台，直接前往伊吾国（今新疆维吾尔自治区哈密市）。不幸的是，玄奘随后迷路了，祸不单行，他的水袋竟然不小心落在沙里，水全部没有了，他十分沮丧，便准备往回走，想回到第四处烽火台，不过在走了一两个小时后，他想起自己要前往印度的志向，便坚持掉头向西。这时候，老马起了作用，在茫茫戈壁中走了几天几夜之后，玄奘已经几乎被渴死了，这匹马竟然发现了一处水源，于是玄奘和马都补充了足够的水源，然后又用了两天时间，终于走到了伊吾国（今新疆维吾尔自治区哈密市）。

伊吾国位于天山南麓，玄奘在这里修整了一段时间，准备向北翻越天山，前往可汗浮图城，此地位于今天乌鲁木齐东部大概 100 多千米处，从那里向西进入今天的中亚。不过在还没有出发时，伊吾国西侧的高昌国（今吐鲁番市）国王听说玄奘在伊吾国，便派使者来到伊吾国，邀请玄奘到高昌国讲佛法。高昌国王信奉佛法，因此热情款待玄奘法师，甚至希望他在这里住几年，可是玄奘的目的地是印度，坚持要继续西行。高昌国王无奈，临行时，他与玄奘结拜为兄弟，并且赠送给玄奘足够用上 20 年的旅行物资，派人护送玄奘继续西行。

离开高昌国，玄奘一行人马沿着今天塔克拉玛干沙漠北部的塔里木河一路向西，经过阿耆尼国（今焉耆回族自治县）、屈支国（今库车市）、跋逯迦国（今阿克苏市），一直来到塔里木盆地的西端，这一带在今天属于喀什地区。

喀什是今天我国国土的最西端，从这里向西是世界上海拔最高的高原帕米尔高原，在当时称为葱岭。帕米尔高原的一部分属于我国，一部分属于中亚、南亚各国。世界上海拔最高的几座山脉像辫子的节点一样在这里交会，从帕米尔高原向东为昆仑山脉，向东南为喜马拉雅山脉，向东北为天山山脉，向西南为兴都库什山脉，向西则是天山山脉延伸到中亚的部分。

玄奘法师从塔里木盆地向北翻越天山，这是从那里向外相对最好走的一条路。越过天山，玄奘一行来到今天中亚的吉尔吉斯斯坦首都比什凯克南侧的碎叶城，在当时，这里属于突厥的领土，不过突厥与高昌国关系很好，玄奘在这里受到热情招待。之后，玄奘法师继续向西南，进入今天乌兹别克斯坦境内，之后则经过阿富汗、巴基斯坦，进入印度。

在印度修习佛法多年后，玄奘法师的回程与去时的路线不一样，他从印度向西，经过巴基斯坦、阿富汗之后，没有再向北进入中亚，而是从阿富汗经过阿富汗走廊直接进入了新疆。在今天的地图上，仍旧可以看到阿富汗与我国连接的这条走廊，有人称为阿富汗走廊，有人称为瓦罕走廊。这条走廊位于帕米尔高原上，环境十分险恶。玄奘法师留下的记录说：

> 东西千五六百余里，南北广四五里，狭则不逾一里。临缚刍河，盘纡曲折，堆阜高下，沙石流漫，寒风凄烈。唯植麦豆，少树林，乏花果。多出善马，马形虽小，而耐驰涉。俗无礼义，人性犷暴。形貌鄙陋，衣服毡褐。眼多碧绿，异于诸国。

进入新疆之后，玄奘途经喀什，沿着今天塔里木盆地南侧，也就是昆仑山北麓向东，回到敦煌。

玄奘法师经过的路线是当时“丝绸之路”最重要的组成部分之一。在经过玉门关、阳关之后，玄奘法师准备走的线路，经过今天乌鲁木齐，从北疆的准噶尔盆地进入中亚，是丝绸之路的北通道；玄奘法师前往印度时，经过塔里木盆地北侧进入中亚是丝绸之路的中通道；玄奘法师从印度返回国内时，经过阿富汗走廊回到新疆，经塔里木盆地南侧回到敦煌是丝绸之路的南通道。

在唐代后期，直到明代，阿拉伯帝国逐渐兴起，控制了今天从西亚到北非的广大地区，隔断了中国与欧洲之间的联系，在这段时间里，丝绸之路逐渐荒废了。

在明代以后，我国面临北方蒙古部落的威胁，此间重新修筑的长城，成为今天能看到的万里长城的基本线路。明长城东起山海关，西到嘉峪关。嘉峪关和阳关、玉门关都是河西走廊中最重要的关隘。阳关、玉门关距离今天的时间过于久远，在今天只剩下了遗迹，汉唐时期，阳关、玉门关周围的河流走向也与今天不同，所以已经无法确切知道当时的情况，而嘉峪关是在明代修筑的，所以完整保存到了今天，可以清楚地看出嘉峪关地理位置的关系。

嘉峪关的位置比阳关、玉门关偏东，汉代设置的武威、张掖、酒泉、敦煌中，阳关、玉门关位于敦煌，而嘉峪关位于酒泉。在河西走廊中，越往东自然环境越好，敦煌一带位于西端，降水稀少，自然条件比较差，明代朝廷占领了河西走廊之后，根据观察到的地形，放弃了瓜州、沙州（今敦煌市），以肃州（今酒泉市）西侧为界，修建了嘉峪关。

▲ [明] 佚名绘《丝路山水地图》中的瓜州

嘉峪关的南侧是祁连山，北侧是巴丹吉林沙漠，均无法通行。与河西走廊的其他地区相比，嘉峪关的险要之处在于，在嘉峪关的北侧有黑山阻挡，在嘉峪关南侧，有一条发源于祁连山的河流，从祁连山向东北流向沙漠中，河流上游水流量很大，到了中游，河流东侧有一处文殊山，也隔断了通行的道路，而嘉峪关就修筑在河流下游。从嘉峪关城向北、向南分别修建了城墙。北侧长城连接黑山，一直建到山壁上，成为“悬壁长城”；南侧长城连接河流，从河岸开始。同时，北侧长城也向东一直沿着河西走廊修建。这样，嘉峪关就成为东西往来必经的通道，直到今天，进出新疆的高速公路、国道、铁路，也都从这里通过。

悯农

[唐] 李绅

春种一粒粟，

秋收万颗子。

四海无闲田，

农夫犹饿死。

春天播下种子，秋天收获粮食。四海之内已没有闲田，却仍有饿死的农民。在今天，“四海”一词是一个类似于比喻修辞的用法，用来表示全国各地。《论语》中说：“四海之内皆兄弟也。”

在久远的上古时期，“四海”一词并不是一个比喻用法，在那时候，我们的祖先真的认为，中国位于世界的中央，四周是海洋。《诗经》中说：“邦畿千里，维民所止，肇域彼四海。”在早期祖先的世界图景中，中国的国土广阔超过千里，老百姓安居乐业，疆域的最外围一直到达四海。那时候，由于每个人活动的范围十分有限，信息传播也不准确，中国人只是依靠传说，模糊地认为在东、南、西、北四个方向的尽头，都是无边的海洋。

[南宋] 李嵩绘《月夜看潮图》中的海浪

具体来说，四海是指东、西、南、北四个方向的大海。

东海：

中国东临大海，所以东海是中国古人最熟悉的。在先秦时期，齐国的东部濒临大海，《左传·襄公二十九年》："为之歌《齐》，曰：'美哉，泱泱乎！大风也哉！表东海者，其大公乎！'"

当时，人们认为越国也位于东海之滨。范蠡（lǐ）说："王孙子，昔吾先君固周室之不成子也，故滨于东海之陂，鼋鼍（yuán tuó，乌龟类动物）鱼鳖之与处，而蛙黾之与同渚。”（《国语》卷第二十一）越国的祖先是周朝的后代，住在东海的岸边，整日与鱼虾龟鳖在一起。此处提到的“东海”，基本上就是今天所说的东海。

南海：

南海也是今天的中国人所熟悉的，《诗经·江汉》：“于疆于理，至于南海。”先秦时期，人们认为楚国南侧的尽头是南海。《国语》中说：“赫赫楚国，而君临之，抚征南海，训及诸夏，其宠大矣。”实际上，当时的楚国的国土并没有到达今天的南海之滨，此处认为的楚国达到南海，可能只是因为当时的人们认为中国的四周都是大海，楚国位于南边，自然就紧临着南边的大海了。

春秋时期，《左传·僖公四年》说：“僖公四年济侯之师，侵蔡，蔡溃遂伐楚，楚使兴帅言曰：君处北海，寡人处南海，唯是风马牛不相及也。”强大的齐国进攻南方的楚国，楚国说“君处北海，寡人处南海”，此处的“北海”“南海”实际上是说“北方”“南方”的意思。

北海：

中国的北方实际上没有海，古人却一直认为北方有海。关于北海的位置，有两种说法。第一种，早期的北海指的是今天的渤海，明代《青州府志》说：“《汉书》谓北海，古称小海，本谓渤海。”春秋时期，楚国对齐国说“君处北海”，如果按照地理位置来说，齐国北侧也是今天的渤海。第二种，中国的正北方确实有一片很辽阔的水域，这便是贝加尔湖，贝加尔湖面积很大，是我国最大湖泊青海湖面积的七八倍之多，所以有人认为古人想象中的北海便是今天俄罗斯的贝加尔湖。《汉书·苏武传》中提及苏武被流放到北海时说：“乃徙武北海上无人处，使牧羝。”《声律启蒙》中说：“苏武牧

[清] 任熊绘《姚燮诗意图》

羊，雪屡餐于北海”，这里的“北海”是当时匈奴控制的地区，大约位于今天的贝加尔湖一带。

西海：

中国位于亚欧大陆的东侧，西侧与中亚接壤，国门之外也没有大海。《山海经》对西海的描述是：“西海之南，流沙之滨，赤水之后，黑水之前，有大山，名曰昆仑之丘。”这里说的“西海”是西王母生活的地方，位于昆仑山一带。

战国的《楚辞》也多次提到“西海”，如“路不周以左转兮，指西海以为期”，这里提及的“西海”当然就是想象中的极为遥远的西方的代称。按照“四周都是海”的理论，所谓西方当然即是西海所在地。在唐代，唐高宗曾封吐蕃王松赞干布为“西海郡王”，可见，西海的观念一直影响着中国人。

中国的东侧和南侧确实有大海，而北侧和西侧没有大海。相比之下，因为越向北越寒冷，所以中国古代很少与北方进行联络或拓展，在陆地上主要是向西进行对外联系。从更大的角度来说，中国位于亚欧大陆的东侧，而亚欧大陆的另外一侧，也就是西侧当然有大海，从中国向西，一直走到大陆西侧时，当然便会看到真正意义上的“西海”了。

从开始有能力走出中原时起，中国人就一直在寻找那个遥远的“西海”。也许，这种探索从遥远的上古时期便开始了，不过，在今天可以看到的历史文献中，有具体明确记载的向西方的探索则开始于汉代。

西汉的建元二年（公元前139），张骞从当时的长安（今西安市）出发，前往西域。这是生活在中原地区的中国人第一次开始探索万里之外的遥远世界。后来，张骞最远走到了今天属于西亚的阿富汗一带，他把这里称为“大夏”。

200多年之后，公元97年，班超担任着中国的西域都护，他派遣甘英率队出使远在亚欧大陆西岸的罗马帝国。当时的人将罗马称为“大秦”。“秦”是汉代之前一统中国的朝代。

从“大夏”“大秦”这些称呼我们可以看到，那时候的中国人已经意识到，在华夏文明之外，世界上还有多个与中国类似的文明。

在交通条件十分落后的年代，甘英历尽艰辛，终于到达了条支国，也就是现在的伊拉克境内，他遇到了一片大海，向人打听，周围的人说："如果要坐船通过这片大海，顺风的情况下需要三个月，如果有时候风不顺，需要走两年，所以入海的人都要带上三年的粮食。"（《后汉书》）

在这里，甘英停下了中国人继续向西的脚步。其实，此时的甘英已经走完了从西域到大秦边界十分之九的路程了，如果他手里能有一幅世界地图，相信他一定不会放弃这次来之不易的机会。甘英为后人留下了汉代人对罗马帝国的认识：

大秦国一名犁鞬（jiàn），以在海西，亦云海西国。地方数千里，有四百余城。……人俗力田作，多种树蚕桑……其人民皆长大平正，有类中国，故谓之大秦。（《后汉书》）

当时的中国人开始知道，大秦不是落后的"四夷"，而是一个有着与中国不同的社会制度，也创造了丰富的物质文明，位于大海之西的国度。

后来，随着地理知识的增加，中国人开始了解到更广大的域外世界。大秦就是位于中国祖先世界图景中的那个西海尽头的大海对岸。

汉代以后，佛教传入中国，给中国人带来了新的域外观念。比如在后来的小说《西游记》中，作者借助佛教思想，构筑了这样一个世界地理图景：

盘古开辟，三皇治世，五帝定伦，世界之间，遂分为四大部洲：曰东圣神洲，曰西牛贺洲，曰南赡部洲，曰北俱芦洲。（《西游记》）

[明] 佚名绘《海天旭日图卷》(局部)

在《尚书 · 禹贡》中，中国与外部世界的图景是“圈层式”的，就像水中的波纹一样，从中间向四周扩展，最中间的文明程度最高，最外层则是落后的，而大陆的四周都被海洋包围。

在《西游记》中，孙悟空生活在东胜神洲，是“仙山福地，古洞神洲”，不过生活在这里的人都要经历生死轮回。为了追求长生不老，孙悟空远渡重洋，抵达了南赡部洲，可惜这里“世人都是为名为利之徒，更无一个为身命者”；随后，孙悟空又漂洋过海，来到西牛贺洲，拜菩提老祖为师，学到了功夫。“四洲”的说法出自佛教早期经典。《西游记》按照中国文化对“四洲”进行一些加工：

东胜神洲者，敬天礼地，心爽气平；

西牛贺洲者，不贪不杀，养气潜灵，虽无上真，人人固寿；

南赡部洲者，贪淫乐祸，多杀多争，正所谓口舌凶场，是非恶海；

北俱芦洲者，虽好杀生，只因糊口，性拙情疏，无多作践。（《西游记》）

也就是说，在《西游记》构想的世界里，东胜神洲是凡人生活的世界，西牛贺洲是修行者生活的世界，而南赡部洲、北俱芦洲是充满杀伐、欲望和缺陷的世界。《西游记》中的域外想象丰富了中国早期“圈层式”的世界图景，不过这并不是现实的世界，而是从人性的弱点出发做出的构想。

与《西游记》同时出现的是中国人对世界的客观认识。明代万历十二年（1584），意大利传教士利玛窦刻印了《山海舆地全图》，这是在近代“地理大发现”基础上绘制的世界地图。通过这幅地图，中国人第一次比较清楚地看到，地球是一个球形，中国不一定是位于中间的国家，并不是天下的中心，而只是世界各国的一员。

在广袤的地球上，有如此众多的国家和民族，每个国家都有自身的生存空间，各自通过自身的方式为世界做着贡献。